Albert Biesinger · Helga Kohler-Spiegel · Simone Hiller

Sieht Gott auf der ganzen Welt gleich aus?

Sieht Gott auf der ganzen Welt gleich aus?

Wissen rund um die Religionen

Kinder fragen – Forscherinnen und Forscher antworten

Herausgegeben von
Albert Biesinger, Helga Kohler-Spiegel und Simone Hiller

Mit Illustrationen von
Mascha Greune

KÖSEL

FSC www.fsc.org MIX Papier aus verantwortungsvollen Quellen FSC® C084279

Klimaneutral
ClimatePartner.com/14044-1912-1001
Druckprodukt

Penguin Random House Verlagsgruppe FSC® N001967

Redaktion: Julia Sterthoff
Umschlaggestaltung: Weiss Werkstatt München
Umschlagmotiv: Illustration von © Mascha Greune und
unter Verwendung eines Bildes von © Nikolaeva/shutterstock.com
Satz: Uhl+Massopust, Aalen
Druck und Bindung: Print Consult GmbH, München
Printed in Slovakia
ISBN 978-3-466-37262-1
www.koesel.de

Dieses Buch ist auch als E-Book erhältlich.

Inhalt

Vorwort – Warum gibt es eigentlich verschiedene Religionen?

Milliarden Menschen suchen nach Gott. Sie finden ihn in verschiedenen Religionen auf der ganzen Welt. Da gibt es viele Namen für Gott. Die einen sagen Vater, andere Allah oder Vater und Mutter, manche haben gar keinen Namen für Gott. Wenn Menschen aus unterschiedlichen Religionen beten, kann das auch sehr verschieden aussehen: Manche sitzen ganz ruhig, manche wiederholen eine Reihe an Bewegungen. Die Häuser oder Räume, in denen Menschen beten, sehen ebenso verschieden aus: Es gibt große Bauwerke, die wie Kunstwerke aussehen, traditionelle Tempel, kleine Kapellen, Meditationsgärten und noch vieles mehr.

Obwohl Gottesvorstellungen, Gebete und Gebäude so unterschiedlich aussehen können, geht es doch immer um »Religion«. Aber was ist das eigentlich, eine »Religion«? Können Menschen Gott selbst kennenlernen und sich ihre ganz eigenen Vorstellungen von Gott machen? Darf man das oder muss man sich an die eigene Religion halten? Und was ist, wenn man gar keiner Religion angehört? Glauben Menschen, die nicht an Gott glauben, auch etwas? Gibt es nur einen Gott mit vielen Namen oder gibt es verschiedene Götter – und sind diese alle gleich wichtig und sehen nur verschieden aus? Kann man herausfinden, welche Religion wahr ist?

In unserer Welt spielen die Religionen für viele Menschen eine wichtige Rolle. Woher haben diese Menschen ihre Religion? Andere Menschen halten sich bewusst von Religionen fern. Manche Menschen verbinden Religion mit guten Gedanken und positiven Haltungen, andere vor allem mit Streit, Konflikten und Kriegen. Wäre eine Welt ohne Religionen nicht vielleicht friedlicher – oder bringen erst die Religionen das Gute in die Welt? Wie können Menschen mit unterschiedlichen Religionen gut zusammenleben? Was bringt's, wenn man sich damit überhaupt beschäftigt?

Diese vielen Fragen und noch mehr sind für Kinder, aber auch Erwachsene, die über Religionen nachdenken, wichtig. Wir haben sie deshalb Wissenschaftlerinnen und Wissenschaftlern, Forscherinnen und Forschern gestellt. Sie haben versucht, so zu antworten, dass die Antwort verständlich ist und Menschen weiterhilft. Weil es um so viele verschiedene Religionen geht, ist das Buch wie eine Reise durch unsere Welt. Es ist eine Abenteuerreise, die am Ende der einzelnen Kapitel nicht aufhört, sondern erst so richtig losgeht. Denn dann geht es darum, selbst weiterzufragen und weiterzudenken. Viel Spaß dabei!

Albert Biesinger,
Helga Kohler-Spiegel & Simone Hiller

Simone Hiller

Was ist eine Religion?

Religion? – Das ist doch ein Schulfach! Stimmt. Im Stundenplan steht mindestens einmal die Woche in einem Kästchen »Religion«. Die meisten Kinder, die ich kenne, sagen einfach »Reli«. Und sie wissen, dass es in Reli um Gott geht. Damit können sie schon mehr sagen, als Wissenschaftlerinnen und Wissenschaftler, die zu Religion forschen. Die können nämlich – das ist eines der spannenden Dinge an Religion – gar nicht sagen, was Religion eigentlich ist: Es gibt keine *Definition* von Religion, also keine ganz genaue Erklärung, mit der alle Wissenschaftlerinnen und Wissenschaftler einverstanden sind.

Es gibt viele Religionen

Noch etwas Spannendes an Religion ist, dass es auf der Welt ganz viele verschiedene Religionen gibt. In Europa sehen wir vor allem das Christentum, das Judentum und den Islam: Es gibt Kirchen, Synagogen und Moscheen. Es gibt evangelischen, katholischen, jüdischen und islamischen Religionsunterricht. Weil Abraham, um den es auch im Alten Testament in der Bibel geht, für alle drei Religionen sehr wichtig ist, werden Islam, Judentum und Christentum auch *abrahamitische Religionen* genannt. Am meisten ist unsere Kultur vom Christentum geprägt. Das sieht man an den Kreuzen, die in Räumen aufgehängt sind oder am Straßenrand stehen. Man erkennt es aber auch an den vielen Feiertagen, die meistens an einem christlichen Fest liegen: Weihnachten, Karfreitag und Ostern, aber auch Feiertage, die es nicht in allen Regionen gibt, wie Christi Himmelfahrt, Fronleichnam, den Reformationstag, Allerheiligen oder Mariä Himmelfahrt. Dass nicht in ganz Deutschland dieselben Feiertage gelten, liegt an den verschiedenen Formen des Christentums, die es gibt. Man nennt sie *Konfessionen*. Die zwei größten christlichen Konfessionen in Deutschland sind Protestanten und Katholiken, es gibt aber verschiedene Formen von Protestantismus und außerdem auch verschiedene orthodoxe Kirchen. Auch innerhalb von Islam und Judentum gibt es verschiedene Strömungen.

Wenn ich durch eine Stadt gehe, sehe ich aber auch Angehörige ganz anderer Religionen, zum Beispiel Sikhs: Viele männliche Sikhs tragen einen Turban, viele weibliche Sikhs ein Kopftuch. Damit schützen sie ihre Haare vor Verschmutzung, denn in ihrer Religion ist alles, was wächst, von Gott geschaffen, also auch ihre Haare. Es gibt in Europa auch buddhistische Tempel und Klöster: Die Mönche aus den Klöstern tragen meist orangene Gewänder und haben ihre Haare ganz kurz rasiert. Der Buddhismus ist eine Religion, die aus Asien kommt. Ein sehr wichtiger Buddhist ist der Dalai Lama, er kommt ursprünglich aus Tibet. Dort gibt es sehr viele buddhistische Klöster, Tempel, Orte und Handlungen. Eine typisch buddhistische Handlung ist, dass an vielen Orten lange Girlanden aus bunten Gebetsfahnen aufgehängt werden: Der Wind lässt sie flattern und hält die Gebete dadurch immer lebendig. Aus Asien kommen auch weitere Religionen. Da sind zum Beispiel die Bahai (bzw. das Bahaitum) mit ihrem bekannten Tempel in Neu Delhi, der wie eine Lotusblüte aussieht. Oder der Konfuzianismus. Der Konfuzianismus hat Gesellschaft und Kultur in China, Taiwan, Japan und anderen asiatischen Ländern geprägt. Vor allem in Afrika und Südamerika gibt es Religionen, die zur Tradition der Menschen gehören, die dort schon gelebt haben, bevor Europäer einwanderten und sie unterwarfen. Man nennt diese Religionen traditionelle Religionen oder Naturreligionen. Es gibt davon so viele, dass ich sie hier nicht aufzählen kann.

Viele Menschen gehören einer dieser Religionen an, viele Menschen finden Religionen aber auch seltsam oder unvernünftig. Um diesen Standpunkt zu vertreten, haben manche von ihnen eine Religion ohne Gott begründet. Sie nennen sich Humanisten. Andere wollen zeigen, dass sie über Religionen nur lachen können, und beten deshalb ein extra erfundenes fliegendes Spaghettimonster an. Sind das auch echte Religionen? Diese Frage ist schwer zu beantworten, denn es gibt ja keine klare Definition für Religion. Doch es gibt einige Merkmale, die zu vielen Religionen passen.

Was gehört zu einer Religion?

Im Mittelpunkt einer Religion steht oft etwas Heiliges – man kann auch Übermenschliches oder Unfassbares sagen. Menschen, die einer Religion angehören, sind meist davon überzeugt, dass es jemanden wie Gott oder eine besondere Kraft gibt. Diese Kraft oder dieses Heilige, Übermensch-

liche, Unfassbare oder Göttliche wird besonders geehrt. Dazu gibt es religiöse Orte, Gegenstände und Handlungen. Solche religiösen Orte sind Gotteshäuser, Tempel, Kirchen, Kapellen oder besondere Landschaften wie Berge, Wälder, bestimmte Gärten. Hier ehren die Menschen das, an das sie glauben, und beten alleine oder gemeinsam. Dazu gibt es meist auch besondere Tage und Feste, also einen eigenen Jahresablauf.

Vielen Menschen ist ihre Religion sehr wichtig, weil ihre Religion ihnen Halt und Orientierung gibt. Dazu gibt es in der Religion Rituale, also etwas, das man immer wieder tut, wie zum Beispiel ein Tischgebet sprechen oder, wie im Christentum, sonntags in die Kirche gehen. In ihrer Religion erfahren die Menschen, was wichtig und was unwichtig, was richtig und was falsch ist. Dazu gibt es Regeln, also Vorschriften, was man tun soll und darf oder nicht darf, zum Beispiel im Christentum die Zehn Gebote. Wenn es Menschen schlecht geht, gibt ihre Religion ihnen Trost.

Zu den meisten Religionen gehört eine Gemeinschaft von Menschen, die gemeinsam dieser Religion angehören. Bei den Weltreligionen sind das sehr viele Menschen aus der ganzen Welt. Zu welcher Religion ein Mensch gehört, liegt oft an der Familie, aus der sie oder er kommt. Bei der Geburt bekommen viele Menschen die Religion ihrer Eltern. Manche entscheiden sich als Erwachsene für eine Religion oder wählen noch einmal eine andere Religion.

Was gehört nicht zu einer Religion?

Sehr wichtig ist es aber auch, zu wissen, was nicht zu einer Religion gehört. Denn es gibt auch Gemeinschaften, die sagen, sie seien eine Religion, dabei aber gefährlich sind. Man nennt sie auch Sekten. Sie sind für Menschen gefährlich, weil diese Gemeinschaften den Menschen ihre Freiheit nehmen und sie von der jeweiligen Gemeinschaft abhängig machen. Manche Sekten haben es vor allem auf das Geld ihrer Mitglieder abgesehen, manche sind sogar gewalttätig. Von diesen Gemeinschaften hält man sich am besten fern.

Gibt es die eine richtige Religion?

Immer wieder denken Menschen, sie alleine hätten die einzig richtige Religion. Lange Zeit hat es deshalb Gewalt zwischen den Angehörigen unterschiedlicher Religionen gegeben. Vor sehr langer Zeit, im Mittelalter, waren das die Kreuzzüge. Vor noch nicht allzu langer Zeit haben in Irland Katholiken und Protestanten gegeneinander gekämpft. Und bis heute kämpfen auf der Welt Anhängerinnen und Anhänger von Glaubensgemeinschaften gegen die anderer Glaubensgemeinschaften. Den meisten Religionen ist inzwischen aber ein friedliches Zusammenleben ohne Gewalt sehr wichtig. Wenn Attentäter sagen, dass sie wegen ihrer Religion andere Menschen töten, dann sagen wichtige Sprecher von Christentum und Islam deshalb, dass das falsch ist. Vielen Religionen ist es wichtig, dass die Menschen friedlich zusammenleben können.

Irgendwie gehört es zu einer Religion, dass sie glaubt, richtig zu sein. Wir wissen heute aber, dass es für ein friedliches Zusammenleben wichtig ist, *tolerant* zu anderen Menschen zu sein. Das heißt, andere Menschen so leben zu lassen, wie sie es für richtig halten, und sie nicht ohne Grund dafür zu verurteilen, dass sie anders sind.

Wissenschaftlerinnen und Wissenschaftler haben sogar herausgefunden, dass es eine Regel gibt, die in vielen Religionen wichtig ist. Sie heißt auch *Goldene Regel* und lautet in Form eines deutschen Sprichworts so: Was du nicht willst, dass man dir tu', das füg' auch keinem anderen zu. Die Wissenschaftlerinnen und Wissenschaftler nennen diese Regel *Weltethos*.

ZUM WEITERDENKEN UND WEITERFRAGEN:

- Weißt du, welche Religion die Menschen aus deiner Familie, deine Freunde oder andere Menschen, die du kennst, haben?
- Frage Menschen in deiner Familie und deinem Freundeskreis, woher sie ihre Religion haben. Und wenn du die Religion nicht kennst, frage sie, ob sie dir ihre Religion beschreiben können.
- Frage Erwachsene in deiner Familie oder eurem Freundeskreis, ob sie schon einmal mit einer Sekte in Kontakt gekommen sind. Wie sind sie mit der Sekte umgegangen?
- Sind Religionen ohne Gott (Humanismus oder die Pastafari, die das fliegende Spaghettimonster anbeten), auch Religionen? In Großbritannien hat ein Richter geurteilt, dass Veganismus, also wenn Menschen ganz darauf verzichten, tierische Produkte zu essen oder zu verwenden, eine Religion ist. Was denkst du?

Veronika und Ralf Gaus

Wer entscheidet, welche Religion ich habe?

Donnerstags habe ich in der vierten und fünften Stunde immer Reli. Zwei Stunden bei Norbert. Ich finde die echt gut, weil wir uns über Gott und die Welt Gedanken machen und auch diskutieren können. Was ich aber lange Zeit komisch fand, war, dass ich nicht mit allen aus meiner Klasse Reli hatte. Stattdessen werden wir geteilt. Cool ist, dass ich dadurch mit den anderen aus den Klassen c und d zusammenkomme. Schade finde ich aber, dass Emma, meine beste Freundin, nicht dabei ist, sondern in evangelische Religion geht, und Jonas und Fahima gehen in Ethik.

Ich habe Emma mal gefragt, warum sie evangelisch ist. Da meinte sie, dass sie so getauft wurde. Und als sie mich fragte, warum ich katholisch bin, wusste ich auch keine bessere Antwort. Meine Eltern hatten mich nach meiner Geburt in der katholischen Kirche taufen lassen. Warum bin ich katholisch, Emma evangelisch, Fahima muslimisch und Jonas glaubt an gar nichts? Wer entscheidet eigentlich, welche Religion ich habe? Woher habe ich meine Religion? Hängt das alles an den Eltern? Man hat mich ja gar nicht gefragt! Was ist, wenn ich gar nicht katholisch sein möchte? Darf ich das nicht selbst entscheiden?

Was ist eine Religion oder Religionsgemeinschaft?

Diese Fragen zu beantworten, ist gar nicht so einfach. Denn es gibt unzählige Religionen auf dieser Welt und dabei verschiedene Wege, wie man Teil von ihnen wird. Manche dieser Religionen sind schon Jahrtausende alt, andere gibt es erst seit Kürzerem. Wenn ich versuchen müsste, kurz zu beschreiben, was eine Religion ausmacht, dann vielleicht dies: Eine Religion ist eine Form, wie Menschen die Welt sehen und verstehen. Ihre Sicht ist dabei von ihrem Glauben geprägt. Der Glaube kann sich auf etwas Übernatürliches oder Übersinnliches beziehen, was manche Religionen »Gott« nennen, oder aber auch auf den eigenen Stamm, das Land oder die Natur. Zu einer Religion gehört auch immer, dass es eine Gruppe von Menschen gibt, die sich zu diesem einen Glauben bekennen. Sie bilden dann einen Stamm, eine Religions- oder Glaubensgemeinschaft. In dieser Gemeinschaft feiern sie den gemeinsamen Glauben in Festen und Ritualen. Bei mir, ich bin römisch-katholisch, wird diese Gemeinschaft auch Kirche genannt.

Wenn ich also nun verstehen will, wie jemand zu seiner Religion kommt und evangelisch, katholisch oder buddhistisch wird, dann müssen wir sehen, dass im Kern zwei Dinge wichtig sind: einerseits der gemeinsame Glaube und andererseits, dass man Teil einer Gemeinschaft werden möchte, die einen bestimmten Glauben hat.

Ich habe meine Religion, weil ich in diese hineingeboren wurde …

Wie man Teil einer Religionsgemeinschaft oder Religion wird, ist sehr verschieden. In manchen Religionen hängt tatsächlich sehr viel an den Eltern. In ihnen ist von besonderer Bedeutung, in welche Familie man geboren wird: Kinder einer jüdischen Mutter sind zum Beispiel automatisch Teil der jüdischen Gemeinschaft und des jüdischen Glaubens. Auch im Islam geht man davon aus, dass ein Kind, welches in einer islamischen

Familie auf die Welt kommt, muslimisch (»gottergeben«) ist. Dennoch spricht der Vater dem Kind die *Shahada*, das islamische Glaubensbekenntnis, gleich nach der Geburt ins Ohr.

Ähnlich verhält es sich auch bei vielen Stammesreligionen oder beim Hinduismus. Auch dort wird man in den Stamm oder als Hindu geboren. In manchen Religionen ist es auch so, dass man nur hineingeboren werden kann. Wenn man dies nicht ist, gibt es auch keine Möglichkeit, dort aufgenommen zu werden.

... oder weil ich mich dafür entschieden habe!

In vielen anderen Religionen oder Glaubensgemeinschaften ist es anders. Da wird man Teil, weil man sich bewusst für den Glauben und/oder für die Gemeinschaft entscheidet. In vielen Fällen übernehmen die Eltern bei kleinen Kindern diese Entscheidung. So ist meinem Vater und meiner Mutter die Beziehung zu Gott wichtig. Sie tut ihnen gut und das gilt auch für die Gemeinschaft in der katholischen Gemeinde. Weil sie wollten, dass auch ich in so eine Gemeinschaft komme und hoffentlich die gleichen Erfahrungen mit Gott mache, haben sie mich katholisch taufen lassen. Meistens ist diese Entscheidung mit einem Aufnahmeritual oder einer Zeremonie in der Religionsgemeinschaft verbunden. So bin ich, wie in allen christlichen Religionsgemeinschaften, in Anwesenheit von anderen Christen und Christinnen getauft worden. Jede Religion kennt andere Zeremonien, die auf eine wichtige Geschichte oder Begebenheit ihres Glaubens Bezug nehmen. So geht die Taufe im Christentum auf Jesus zurück. Er meinte, dass, wenn man sich für ihn entscheidet, man sich taufen lassen solle.

Auch wenn man als Jude geboren wird, werden jüdische Jungen am achten Tag nach der Geburt beschnitten. Das gilt als Zeichen, dass man sich bewusst für das Judentum entscheidet, und geht auf den Stammvater Abraham zurück. Er ließ sich als erster Mann der jüdischen Glaubensgemeinschaft als Zeichen für seinen Bund mit Gott beschneiden. Ähnlich ist es im Islam. Da wird man Muslima oder Muslim, wenn man vor zwei Muslimen die *Shahada* aufsagt. Im Islam ist die Beschneidung der Jungen eigentlich keine Pflicht. Aber da sich viele Muslime an ihrem Propheten Mohammed orientieren, lassen sie sich beschneiden.

Eine zwingende Zeremonie braucht es nicht immer. So ist man zum Beispiel schon Buddhistin oder Buddhist, wenn man sich nach den Regeln und der Lehre des Buddhismus verhält.

Egal, ob die Eltern entschieden haben, was man glaubt und ob und in welche Glaubensgemeinschaft man aufgenommen wurde, irgendwann kommt der Moment, da wird man erwachsen. Dann muss man selber sagen, dass man glaubt und ob man Teil seiner Religions-, Stammes- oder Glaubensgemeinschaft sein möchte. Das ist auch der Moment, wo die Person voll in die Gemeinschaft aufgenommen wird und Verantwortung übernimmt. Auch diese Aufnahme ist meistens verbunden mit einer Zeremonie und einem Fest. So bereiten sich etwa bei den Maori, einem Volksstamm auf Neuseeland, Mädchen und Jungen längere Zeit mit Fasten und Gebeten für diesen Schritt vor. Als Zeichen, dass sie nun keine Kinder mehr sind, sondern erwachsene Frauen und Männer, erhalten sie ihr *Ta Moko*. Das *Ta Moko* ist ein traditionelles Tattoo und zeigt: Diese Per-

son kann im Stamm Verantwortung übernehmen. Im Judentum feiern Mädchen im Alter von 12 Jahren die *Bat Mizwa* und Jungs im Alter von 13 Jahren die *Bar Mizwa*. Das Mädchen darf ab dann die Schabbat-Kerzen anzünden, während der Junge zum ersten Mal aus der Thora im Synagogengottesdienst vorlesen darf.

In der evangelischen Kirche findet diese endgültige Aufnahme in der Konfirmation statt. Dort bestätigt die Person noch einmal ihre Taufe und darf ab dann zum Abendmahl gehen.

Natürlich kann man auch als Erwachsener noch in eine Religion eintreten. Manche Religionsgemeinschaften finden sogar, dass man keine Kinder in die Gemeinschaft aufnehmen kann. Ihrer Ansicht nach kann man sich nur selbst für den Glauben oder Gott entscheiden und niemand anderes kann das für einen tun, auch nicht die Eltern. So eine Gruppe sind die Baptisten. Sie sind eine christliche Freikirche und taufen deshalb nur Erwachsene.

Und wenn ich gar nicht dazugehören will?

Natürlich kann es auch passieren, dass man schon zu einer Glaubensgemeinschaft gehört, aber gar nicht (mehr) an das glaubt, für was die Gemeinschaft steht. Manche Menschen möchten deswegen gar nicht zu ihrer Religion gehören oder sie sogar wechseln. Aber wie ist es eigentlich, wenn ich merke, dass ich gar nicht daran glaube?

Bei manchen Religionen ist ein Austritt gar nicht schwierig. Der Buddhismus zum Beispiel versteht sich überhaupt nicht als Religion, deshalb kann man auch nicht wirklich austreten. Man hört einfach auf, nach der Lehre zu leben, und das war es. Anders verhält es sich jedoch zum Beispiel bei christlichen Kirchen oder dem Islam. Da gibt es zwei Formen, wie man die Religion sehen kann. Einerseits kann man sie wie einen Verein sehen und einfach sagen, dass man nicht mehr an Gott glaubt oder nicht mehr zu dieser Gemeinschaft gehören will. Dann geht man vielleicht nicht mehr zu den gemeinsamen Gebeten oder Feiern oder man meldet sich bei den Behörden »offiziell« ab. Die Religionen selbst sehen das jedoch meist anders. Sie verstehen sich nicht wie andere Gemeinschaften, in die man einfach so ein- und austreten kann, wie man gerade möchte. Für sie ist die Entscheidung für Gott und die Beziehung zu Gott zentral. Diese Religionen verstehen die Aufnahme als eine für immer geltende Entscheidung. Auch dann, wenn die Eltern diese für einen getroffen haben. Daher ist ein Austreten aus ihrer Perspektive eigentlich nicht möglich.

Am Ende entscheidet jeder selbst

Bis jetzt habe ich meine katholische Religion als irgendwie so gegeben angesehen. Aber wenn ich so darüber nachdenke, muss ich mir noch mal richtig Gedanken machen. Nächstes Jahr habe ich Firmung. Da werde ich gefragt, ob ich an Gott glaube und ob ich zur Kirche gehören will. Meine Eltern haben vor vielen Jahren für mich entschieden, aber nächstes Jahr darf und muss ich trotzdem am Ende selber entscheiden.

Dass ich nicht mit Emma in Reli bin, finde ich trotzdem schade. Gleichzeitig finde ich es schön und wichtig, dass ich in meinem Unterricht über meinen eigenen Glauben nachdenken, aber auch über Themen von anderen Glaubensgemeinschaften reden und Fragen stellen kann.

ZUM WEITERDENKEN UND WEITERFRAGEN:

- Wenn wir Gott mal begegnen, wird es dann VIP-Ausweise geben für die, die an ihn glauben?
- Wenn ich einmal sterbe und es dann gar keinen Gott gibt, wäre das schlimm für mich? Wäre dann mein Leben rückblickend schlecht gewesen?
- Was hat Gott davon, wenn wir an ihn glauben? Also »seiner« Gemeinschaft angehören?
- Muss auch Gott sich entscheiden? Und wenn ja, für bestimmte Menschen oder für alle?
- Warum könnte Gott es zulassen, dass es so viele verschiedene Religionen gibt? Wäre es nicht sinnvoller, er hätte nur eine »erlaubt«?

Magnus Striet

Welche Religion hat denn nun eigentlich recht?

In Deutschland ist Fußball ganz klar die Sportart, die die meisten Anhänger hat, und ganz viele Menschen haben auch einen Lieblingsverein. Die einen schwärmen für Borussia Dortmund, die anderen sind begeisterte Fans von Werder Bremen. Ich kenne einen älteren, sehr gebildeten Herrn, dessen Augen leuchten, wenn ich ihn auf Rotweiß Essen anspreche. Ein bisschen verrückt sei seine Leidenschaft ja, hat er mir einmal gesagt. Sehr erfolgreich sei der Verein schon lange nicht mehr, aber er seit halt Essener. Und außerdem würde er im Stadion immer noch alte Freunde treffen.

Der Mensch, ein fragendes Tier

So ähnlich ist es zunächst auch einmal mit der Religion oder besser müsste man wohl sagen: mit dem, was Menschen religiös empfinden (oder auch nicht empfinden). Ob jemand Buddhist ist, Muslim oder Jude, ist oft dem Zufall der Geburt geschuldet. Auch wer christlich glaubt, tut dies jedenfalls zunächst häufig deshalb, weil er so erzogen worden ist. Und dann sind die einen noch katholisch, die anderen evangelisch und die nächsten orthodox. Die Karte der religiösen Überzeugungen ist sehr bunt. Man muss schon sehr unerschütterlich in der eigenen Glaubensüberzeugung sein, um sich nicht irgendwann die Frage zu stellen, ob es nicht reiner Zufall ist, dass ich religiös so orientiert bin und nicht anders. Wäre der ältere Herr, der bis heute Fan von Rotweiß Essen ist, möglicherweise sein Leben lang Fan von Werder Bremen geworden, wenn er seine Kindheit in Bremen verbracht hätte?

Nun gibt es einen gravierenden Unterschied zwischen Fußball und Religion. Fußball ist ein Sport und neben der Freude, selbst zu spielen, geht es auch im Stadion oder vor dem Fernseher in erster Linie um den Spaß am Können der Spieler. Religion hingegen gibt es deshalb, weil Menschen nichts selbstverständlich ist. Das hört sich vielleicht erst einmal merkwürdig an. Das allermeiste wird von uns tagtäglich einfach so getan, als ob alles selbstverständlich wäre. Jeden Tag sind Aufgaben zu bewältigen, und wir denken überhaupt nicht darüber nach, dass wir essen und schlafen müssen. Es gibt Bedürfnisse, die befriedigt werden müssen; darin unterscheiden sich Menschen in nichts von anderen Tieren. Aber es gibt auch einen großen Unterschied zu anderen Lebewesen: Unablässig stellt der Mensch sich Fragen. Er muss essen, wenn er leben will, aber bei der Frage, was er essen will, hat er einen ziemlich großen Freiraum. Der Mensch ist ein fragendes Tier, das sich Antworten geben muss. Er kann sich einfache Fragen stellen, aber auch sehr grundlegende. Die grundlegendste ist wohl die Frage: Was ist der Mensch? Ist alles in seinem Leben Zufall und ohne ein bestimmtes Ziel? Ist mit dem Tod alles aus?

Religionen beantworten die großen Fragen

Wir wissen heute, dass bereits vor Zehntausenden von Jahren Menschen sich diese Fragen zu stellen begannen. Natürlich hatten sie noch nicht all das Wissen und die Technik, die wir heute haben, aber auch sie mussten mit Naturkatastrophen, Krankheit und Tod umgehen. Und natürlich machten sie auch die Erfahrung von Glück. Deshalb begrenzten sich schon diese ersten Menschen nicht darauf, alltäglich natürliche Bedürfnisse zu befriedigen, was damals noch ungleich schwieriger war als heute. Sondern sie versuchten sich Antworten auf die letzten, also die ganz großen Fragen zu geben. So entstanden Religionen. Sie deuten die Welt aus und geben dem Menschen eine Antwort auf die Frage, wer er ist und ob dieses Leben alles ist. Religionen deuten aber nicht nur, sondern sie bieten auch Rituale zur Lebensbewältigung. In gewisser Weise wird in Religionen trainiert wie im Sport.

Und doch gibt es einen gravierenden Unterschied, und deshalb wird auch die Frage so brisant, ob denn eine Religion wahrer ist als eine andere. Fußball kann eine wunderbare Sache sein, aber am Ende gibt er mir keine Antwort auf meine letzten Fragen. Da geht es von Spiel zu Spiel um Sieg oder Niederlage und wer erfolgreich ist, hat richtig trainiert. Die großen Menschheitsfragen werden beim Fußball aber nicht beantwortet. Der kommende Tod wird sich durch Training nicht verhindern lassen, auch wenn Sport ja generell gesund ist und das Leben vielleicht verlängern kann. Und auf dem Spielfeld wird sich auch die Frage, ob wir eine Seele haben

und was damit nach unserem Tod passiert, nicht beantworten lassen. Dafür braucht es die Religionen: Mit ihnen können wir eine Haltung zum Leben eintrainieren und damit auch zum Tod.

Und woher weiß ich, welche Religion die richtige für mich ist?

Heißt das, dass alle Religionen gut sind? Und wie kann man zwischen guter und schlechter Religion unterscheiden? Religionen sind nicht alle gleich. Dass Gott selbst Mensch geworden ist, behauptet nur das Christentum und im Buddhismus zum Beispiel gibt es nicht die Vorstellung eines Gottes, der personale Züge trägt und direkt angesprochen werden kann. Aber an welche Religion hänge ich dann mein Herz?

Natürlich wüssten wir alle gerne, ob es eine »bessere« Religion gibt, also eine, die vielleicht »mehr recht hat« als die anderen. Aber so ernüchternd es klingen mag, es gibt keine eindeutige Antwort auf diese Frage. Ich hänge mein Herz an die Religion, an die ich es hängen *will*. Woran ich glaube, ist also auch eine Entscheidung – das bedeutet aber nicht, dass ich diese Entscheidung zufällig oder leichtfertig treffen kann. Ganz im Gegenteil! Denn Religion kann brandgefährlich werden: Unzählige Menschen mussten in der Geschichte bereits ihr Leben lassen, weil man meinte, die Wahrheitsfrage auf dem Schlachtfeld entscheiden zu müssen. Sich seines eigenen Verstandes zu bedienen, ist auch in Religionsfragen angezeigt. Das bedeutet, nach Gründen zu suchen, warum ich diese und nicht eine andere religiöse Überzeugung vertrete. Selbst wenn das dazu führen kann, dass ich überhaupt keine vertrete, weil mir keine Überzeugung plausibel erscheint! Welche Gründe können für mich ausschlaggebend sein?

Ein Glaube, der zu unserer Welt und Zeit passt

Die Welt war nicht immer so, wie wir sie heute kennen. Noch nie gab es so viel Wissen und noch nie gab es so viele technische Möglichkeiten wie heute. Natürlich kann beides auch gefährlich werden, wenn Menschen es für falsche Ziele und Zwecke missbrauchen. Aber Wissenschaft und Technik haben dazu geführt, dass unser Leben sehr viel sicherer geworden ist. Früher starben schon Kinder häufig an Krankheiten, bei Unfällen oder durch die große Armut, in der sie lebten. Das gibt es heute viel seltener, weil zum Beispiel die Medizin viel besser geworden ist. Früher hingegen hatten die Menschen oft nicht viel mehr als ihre Gebete, auf die sie hoffen konnten. Die Religion spielte im Leben der Menschen dann natürlich eine ganz andere Rolle, sie war im Alltag sehr präsent.

Heute hat sich das in den meisten Gesellschaften verändert. Aber trotzdem sollte der Glaube nicht vom alltäglichen Leben abgekapselt sein. Das ist für mich ein erstes wichtiges Merkmal, das es erlaubt, zwischen Religionen zu unterscheiden. Wirken sie wie ein Fremdkörper in der Welt oder nicht?

Ebenso, wenn nicht sogar noch wichtiger ist: Man kann nicht über Religion reden, ohne zugleich über den Menschen zu reden. Am Ende geben alle Religionen Auskunft darüber, wie der Mensch sich verstehen soll und wie ein gutes Leben aussehen könnte. Religionen kennen verbindliche Werte und Regeln des menschlichen Zusammenlebens.

Freiheit hört auch in Glaubensdingen nicht auf

Menschen leben immer in Beziehung zueinander. Sie leben zusammen in einer Stadt oder einem Dorf, aber sie unterscheiden sich auch sehr voneinander. Sie haben unterschiedliche Interessen, Vorstellungen und mögen verschiedene Dinge (zum Beispiel Fußballvereine). Für uns ist es heute wichtig, dass alle Menschen ihre ganz persönlichen Bedürfnisse möglichst selbstbestimmt leben dürfen, in möglichst großer Freiheit. Das war nicht immer so. Früher wurden Kriege geführt, in denen es auch darum ging, wie die Menschen leben sollten und wem sie sich zu unterwerfen hatten. Die, die für diese Freiheit kämpften und dafür ihr Leben riskierten, wollten nicht nur für sich selbst die größten Freiheiten, sondern sie waren sicher, etwas Gutes für die Menschheit zu tun. Sie wussten, dass die Freiheit des Einzelnen immer auch die Freiheit des anderen ist. Wenn die Freiheit so wichtig ist, müssen wir dann nicht auch in Religionsangelegenheiten über Freiheit sprechen?

Wenn eine Religion, in der ich groß geworden bin, diese nicht anerkennt, muss ich mich fragen, ob diese Religion auch weiterhin meine Religion sein soll. Eine Religion, die meint, mit der Berufung auf einen Willen Gottes Menschen in ihrer freien Entfaltung behindern, sie sogar herabsetzen oder unterdrücken zu dürfen, ist falsch. Entweder Freiheit ist das Höchste oder nicht.

Wir müssen uns gerade mit Blick auf unsere Religion immer wieder die Frage stellen, was zu verantworten ist und was nicht. Das ist beim Fußball anders, da kann ich den Verstand auch einmal ausschalten und mich meiner Leidenschaft hingeben. Wenn ich in Freiburg zum SC ins Stadion gehe, dann um mich zu entspannen. Daran sieht man schon: Die Religion ist ein viel komplizierteres Thema.

Vergessen wir die Hoffnung nicht

Über unser Verhältnis zu unserer Religion müssen wir also eigentlich ganz schön viel nachdenken. Darüber, wie die Religion sich zu unserem Leben und zu unserer Freiheit verhält, und darüber, wie ich überhaupt zu meiner Religion gekommen bin. Da kann einem ganz schön der Kopf schwirren. Und dann haben ja nicht einmal alle Religionen die gleiche Vorstellung von einem Göttlichen oder von Gott!

Angedeutet hatte ich schon, dass alle Religionen zunächst einmal von Menschen erfundene Vorstellungen von dem sind, was die Welt bedingt, sie in ihrem Inneren zusammenhält. Religionen geben Antworten auf die

Frage, wie sich der Mensch verstehen kann und soll. Aber sie tun auch mehr als das: Sie können uns Hoffnung geben.

Vor gar nicht langer Zeit starb völlig überraschend ein guter Freund von mir. Später stand ich an seinem Grab auf dem Friedhof. Ich weiß nicht mit völliger Sicherheit, ob Gott uns wirklich ein Leben nach dem Tod schenken kann. Der Gedanke daran ist aber, besonders wenn man gerade einen lieben Menschen verloren hat, sehr tröstlich. Ich will darauf hoffen, dass es diesen Gott gibt.

Mein eigener Glaube hat sich mit den Jahren verändert. Meine Kindheit habe ich im Münsterland verbracht. Die meisten Menschen dort sind katholisch, so auch ich. Ich fand früher aber oft, dass die katholische Kirche sehr streng war.

Wie die meisten Menschen im Münsterland war ich praktisch von Geburt an Fan von Borussia Dortmund. Das bin ich auch heute noch, auch wenn mein Herz inzwischen weit mehr für den SC Freiburg schlägt. Katholisch bin ich immer geblieben, aber ich bin heute anders katholisch als damals. Heute habe ich als Katholik viel mehr Geschmack an der Freiheit.

ZUM WEITERDENKEN UND WEITERFRAGEN:

- Religionen beantworten die großen Fragen der Menschen – welche Fragen fallen dir da ein?
- Es ist gut, darüber nachzudenken, warum man eigentlich eine bestimmte Religion hat und nicht irgendeine andere. Was gefällt dir an deiner Religion? Wenn du noch einmal ganz frei wählen könntest, würdest du dieselbe aussuchen? Oder wärst du gerne Buddhistin oder Buddhist, Jude oder Jüdin, Muslim oder Muslima?
- Frag doch einmal deine Eltern oder andere Erwachsene, welche Gründe ihrer Meinung nach für ihre Religion sprechen. Haben sie sich schon viele Gedanken zu dem Thema gemacht?

David und Matthias Gronover

Ist nicht an Gott glauben auch eine Religion?

Nelly stolpert. Sie ist vom Weg abgekommen und irrt im Wald herum. Es ist Sommer und sie ist mit ihrer Familie im Urlaub. Die Tage auf dem Bauernhof sind schön. Ihr Bruder ist den ganzen Tag mit dem Bauern im Stall und auf den Feldern unterwegs. Nelly kümmert sich ab und zu um die Pferde. Aber heute Nachmittag wollte sie sich einfach mal umschauen. Sie hat nicht viel nachgedacht, als sie losgegangen ist. »Mama und Papa lesen, mein Bruder ist weg«, dachte sie und ist einfach umhergestreift, ohne Ziel. Jetzt hat sie der Wald verschluckt.

Im Wald verlaufen

Als Nelly bewusst wird, dass sie sich verlaufen hat, schaut sie nach oben. Das Licht dringt nur mühsam durch das Blätterdach aus Buchen und Eichen. »Unten ist es dunkel, oben ist es hell«, denkt Nelly. Wenn sie den Blick geradeaus richtet, sieht sie einen hellen Fleck. »Dorthin muss ich, da ist Licht.« Ihre Beine sind schwer, Nelly hat Angst. Ohne Eltern macht es keinen Spaß, im Wald unterwegs zu sein. Ihre Mutter hatte ihr noch gesagt, nicht vom Hof zu gehen, ohne Bescheid zu sagen. »Jetzt habe ich den Salat!« Nellys Atem geht schwer. Das Springkraut ist fast so groß wie sie selbst, die Brombeeren kratzen und versperren den direkten Weg zur Lichtung. Sie muss einen Umweg machen. Gerade als sie um den Brombeerenverhau herumgelaufen ist und auf die Lichtung schaut, sieht sie noch ein Reh mit zwei Kitzen davonspringen. »Die haben Angst vor mir«, denkt sie. Die drei Tiere standen wohl auf der Lichtung und haben Nelly kommen hören. Oder sie haben Nelly gerochen. Jetzt sind sie weg. Für einen Moment hat Nelly beim Anblick der Tiere ihre Angst vergessen, so gebannt war sie. Die Rehgeiß ist zuerst gesprungen. In hohen Bögen lief sie davon, hinein ins nächstgelegene Gebüsch im Wald. Ihre beiden Kitze rannten hinterher, haben sich aber noch einmal nach Nelly umgeschaut. Als ob sie ihr sagen wollten, dass sie hoffentlich auch bald wieder bei ihren Eltern ist.

Nelly findet den Gedanken lustig, dass Rehe sich Sorgen um sie machen könnten. »Das ist Blödsinn«, hört sie ihren Vater in Gedanken sagen. »Rehe machen sich keine Sorgen. Sie folgen ihren Instinkten und wollen einfach am Leben bleiben.« Wenn ihr Vater jetzt nur da wäre.

Eine Überraschung auf der Lichtung

Nelly stapft zur Lichtung. Sie tritt aus dem Wald heraus. Als sie den Blick hebt, muss sie staunen. Mitten auf der Lichtung, in weiches Abendlicht getaucht, steht eine alte Kapelle. Die ist klein und offen. Sie hat gar keine Türe. Sie steht einfach da, ganz ruhig. Als wollte sie sagen: »Komm rein

und erzähle mir was.« Nelly staunt immer noch. Schon hat sie die Wurzeln, die Brombeeren und die Rehe vergessen. Warum steht hier mitten im Wald so ein Haus?

Sie tritt näher. Die Kapelle ist wirklich klein und unscheinbar. Ihre weiße Wand ist schon etwas grau-grün von Flechten. Das Dach ist bemoost. Ein kleiner Turm, gerade groß genug für einen Eulenansitz, ziert das Dach. Ganz oben drauf ist ein Kreuz. Nelly geht einmal ganz drum herum. Schon hat sie die Zeit vergessen und auch, dass sie eigentlich den Weg zum Ferienhof sucht. Vorsichtig betritt sie die Kapelle. »Es gibt ja keine Türe, also kann ich da auch reingehen«, sagt sie leise zu sich. Aber es ist ihr auch ein wenig unheimlich, weil es drinnen ganz dunkel ist. Nur ein länglicher Schlitz gegenüber vom Eingang lässt Licht in den Raum.

Es dauert, bis sich Nellys Augen an die Dunkelheit gewöhnt haben. Sie bemerkt, dass es langsam kälter wird. Ein leichter Luftzug zieht in die Kapelle. Jetzt erkennt sie vier Bänke, auf jeder Seite zwei. Vorne in der Mitte steht ein Tisch. Ein kleines brennendes Kerzchen steht darauf und wirft ein flackerndes, rotes Licht. Nelly erkennt auch ein Kreuz. Die Zeit steht für sie immer noch still. Gedanken schießen ihr durch den Kopf: Wie sie gestern vom Pferd gefallen ist. Ihr zwei Jahre älterer Bruder, der sie abends geärgert hat. Das Gespräch ihrer Eltern, die darüber gesprochen haben, den Urlaub zu verlängern. »Ich fühle mich hier wie im Himmel«, hat ihre Mutter gesagt. Nelly hat das gewundert, denn ihre Eltern glauben nicht, dass es Gott gibt. »Woher will meine Mut-

ter wissen, wie es im Himmel ist?« Nellys Zeit steht immer noch still. Sie steht da, jetzt etwas fröstelnd, schaut in die Kapelle und träumt vor sich hin.

»Nelly! Neeellly! Neeeeellllyyyyy!« Laute Rufe reißen sie aus ihrem Tagtraum. Nelly ist plötzlich hellwach. »Oje, meine Eltern! Sie sind bestimmt sauer, weil ich vom Hof weggelaufen bin«, denkt sie für einen kurzen Moment. Aber sie freut sich auch: »Zum Glück, sie haben mich gefunden!« Noch können ihre Eltern sie nicht sehen. Nelly schreit: »Ich bin hier!«

Gefunden

Völlig außer Atem, verschwitzt und ziemlich sauer kommen ihre Eltern in die Kapelle gestolpert. »Was machst du hier an diesem …«, vor lauter Aufregung fällt ihrem Vater das Wort »Kapelle« nicht ein. »Weißt du, wie lange wir nach dir gesucht haben! Warum gehst du einfach weg? Wir haben uns furchtbare Sorgen gemacht!«

»Ich bin froh, dass du da bist, mein Liebes«, sagt ihre Mutter. »Gott sei Dank ist dir nichts passiert.«

»Schon wieder Gott«, denkt Nelly. Sie sagt: »Ich habe mir nichts weiter dabei gedacht und bin vom Hof gelaufen. Dann bin ich zufällig hierhergekommen und habe auch noch die Zeit vergessen. Stellt euch vor, da waren Rehe!«

»Schön, schön«, sagt ihr Vater. »Aber weißt du, wie spät es ist? Wir müssen zurück, bevor es ganz dunkel wird.« Jetzt erst schaut er in die Kapelle und sieht das rote Kerzenlicht. »Jemand hat vergessen, die Kerze auszumachen.«

»Das glaube ich nicht«, sagt ihre Mutter. »Aber lass uns jetzt wirklich zurückgehen. Es wird dunkel.«

Der Rückweg ist einfach. Ein richtiger Weg, der mehr oder weniger direkt zum Hof führt. Nelly staunt, was für einen Umweg sie gemacht haben muss, um zur Kapelle zu kommen.

Am Anfang schweigen ihre Eltern. Dann fragt ihre Mutter: »Wolltest du zu dieser Kapelle?«

»Nein. Wie gesagt: Ich habe mich vergessen und einfach rumgetrödelt. Dabei bin ich vom Weg abgekommen, an Brombeeren vorbeigegangen und habe mich verlaufen. Dann habe ich die Lichtung gesehen und dachte, dass ich da vielleicht den Weg wiederfinde. Da stand dann die Kapelle.« Ihre Mutter nickt, ihr Vater läuft einige Meter vor den beiden.

»Mama. Warum gehen wir nicht in die Kirche?«

»Warum fragst du?«, fragt ihre Mutter zurück.

»Ich fand es in der Kapelle so schön beruhigend«, meint Nelly.

»Dein Papa und ich glauben nicht an Gott. Wir sind auch keine Christen.«

»Dürfen nur Christen in die Kirche?«

»Das weiß ich nicht. Ich glaube schon, dass da alle reindürfen. Aber Christen haben Rituale. Sie feiern sonntags den Tod und die Auferstehung von Jesus Christus, sie sprechen das Vaterunser und sie lieben ihre Gemeinschaft. Das ist eine Religion.«

Nelly geht eine ganze Weile neben ihrer Mutter her. Inzwischen ist es fast dunkel. Vorne läuft ihr Vater. Das Knirschen der Steinchen unter ihren Schuhen macht einen eigenen Rhythmus. Nelly überlegt, ob das schon Musik ist.

»Papa, du, mein Bruder und ich, wir sind auch eine Gemeinschaft. Wir haben uns auch lieb. Sind wir eine Religion?« Ihre Mutter muss lachen. »Du bist süß. Eine Religion sind wir nicht. Wir haben ja auch keine. Eine Religion braucht einen Gott oder etwas, woran die Menschen glauben. Papa und ich sind uns aber sicher, dass es dieses Etwas nicht gibt.«

Neue Fragen und Gedanken

Jetzt ist es nicht mehr weit bis zum Hof. Nelly denkt über die Antwort ihrer Mutter nach. Seltsamerweise muss sie jetzt auch wieder an die Rehe denken und daran, was das junge Kitz wohl gedacht hat, als es sie angeschaut hat.

»Mama, machst du dir oft Sorgen um mich?« Ihre Mutter bleibt stehen und schaut Nelly in die Augen. Jedenfalls glaubt Nelly das, denn es ist dunkel und sie kann es nicht genau erkennen. »Warum fragst du das? Geht es dir nicht gut?« Ihre Mutter hat jetzt eine sehr besorgte Stimme.

»Wenn es nichts Höheres gibt, dann haben wir nur uns. Dann muss die Liebe ganz von dir und Papa kommen.«

Jetzt geht ihre Mutter weiter. »Das Ewige Licht in der Kapelle«, denkt sie, »es verbindet uns mit der Ewigkeit. Vielleicht kommen die Fragen meiner Tochter daher.« Sie schweigt. Sie kann nur die Schritte ihres Mannes hören, sehen kann sie ihn nicht. Nelly geht neben ihr. Sie schweigen zusammen. »Ist Nelly religiös?«, fragt sich ihre Mutter.

Jetzt hören sie das Knirschen von Kieselsteinen. Ihr Papa ist schon im Hof und öffnet die Tür zur Ferienwohnung. Nelly und ihre Mutter schauen sich im Licht, das durch das Fenster fällt, an. Beiden ist klar, dass sie noch viele wichtige Fragen besprechen müssen.

ZUM WEITERDENKEN UND WEITERFRAGEN:

- Male ein Bild mit Nelly und der Kapelle.
- Welche Fragen könnte Nelly ihrer Mutter noch stellen? Hast du Antworten?
- Was gehört zu einer Religion dazu?
- Ist Nelly durch ihre Erfahrung im Wald religiös geworden?

Helga Kohler-Spiegel

Wie können Menschen mit unterschiedlichen Religionen gut zusammenleben?

Es ist normal, verschieden zu sein

Das Buch, das du in den Händen hältst, fragt danach, warum es verschiedene Religionen gibt, was die verschiedenen Religionen ausmacht, was sie miteinander verbindet und was sie unterscheidet. Aber ich weiß nicht, ob du auch schon darüber nachgedacht hast, was es braucht, damit Menschen, die zu verschiedenen Religionen gehören, gut zusammenleben können? Vielleicht lebst du ja in einer Familie, in der die beiden Eltern oder Partner deiner Eltern zu verschiedenen Religionen gehören, sodass du diese Frage auch in der eigenen Familie kennst?

Es begegnen einander Menschen, nicht Religionen

Häufig ist vom »Dialog der Religionen« die Rede. Genau genommen sind es aber immer Menschen, die religiös sind, die zu einer bestimmten Religion gehören oder die sich als nicht religiös bezeichnen. Deshalb begegnen sich immer Menschen, die christlich oder jüdisch oder muslimisch oder buddhistisch sind oder zu einer anderen Glaubensgemeinschaft gehören.

Das ist gut so, dass sich Menschen mit ihrer Religion und ihrem Glauben begegnen. Denn Menschen können aufeinander zugehen und einander anschauen, sie können miteinander reden und einander zuhören. Der Philosoph Hans-Georg Gadamer hat kurz nach seinem 100. Geburtstag gesagt: »Wir müssen endlich wieder lernen, wie man ein richtiges Gespräch führt.... Ein Gespräch setzt voraus, dass der andere recht haben könnte.«

Dialog heißt, ein richtiges Gespräch führen

Für das Zusammenleben ist es notwendig, dass Menschen richtige Gespräche miteinander führen können. Das ist eine anspruchsvolle Aufgabe und will gelernt sein. Denn dafür braucht es eine Reihe von Fähigkeiten: Es braucht Neugier und Interesse am anderen Menschen, an seiner Art zu leben, an seiner Religion. Es braucht die Fähigkeit des Zuhörens, die Fähigkeit, über die eigene Religion etwas zu wissen, und die Fähigkeit, anderen davon mitteilen zu können.

Wenn wir die Religion eines anderen Menschen kennenlernen und verstehen wollen, dann müssen wir einander mehr erzählen als nur von der Religion. Wenn wir einander verstehen wollen, dann ist es gut, auch zu wissen, was dem anderen wichtig ist – und was uns selbst wichtig ist. Wenn ich weiß, was der andere mag, was er gar nicht mag und was man aus seiner Sicht nicht tun darf, dann kann ich ihn besser verstehen. Und umgekehrt ist das auch so.

Deshalb gehört zu den Fähigkeiten, die für das Zusammenleben ganz wichtig sind, die Fähigkeit des Zuhörens. Zuhören ist ein aktives Tun, manchmal sagen wir auch: »Ich bin ganz Ohr.« Das soll heißen, dass wir unsere eigenen Gedanken loslassen und uns ganz darauf konzentrieren, was uns die andere Person mit-

teilt. Wir können fragen und nachfragen, manchmal zusammenfassen und manchmal auch mit eigenen Worten wiederholen, was wir besonders interessant und spannend finden. Wir können der anderen Person durch unsere Körpersprache zeigen, dass wir gut zuhören, indem wir sie interessiert anschauen, manchmal bestätigend nicken. Wir können zugleich spüren, was der anderen Person beim Erzählen wichtig ist, wir können ihre Gefühle aufnehmen – und unsere eigenen. Wenn man aufzählt, was zu einem »richtigen Gespräch« alles dazugehört, merkt man, dass man diese Fähigkeiten lernen und üben muss.

Vorurteile entdecken

Interesse, zuhören, miteinander reden, einander kennenlernen, auch miteinander essen und feiern – all das ist auch deshalb wichtig, damit wir nicht Vorurteile über einen anderen Menschen und seine Religion entwickeln. Denn Vorurteile sind ja meist negative Urteile über jemand anderen, bevor wir ihn wirklich kennengelernt haben.

Über die eigene Religion etwas wissen

Um gut miteinander leben zu können, müssen wir auch über uns selbst Auskunft geben können. Manchmal wird uns erst im Gespräch mit anderen Menschen bewusst, wer wir selbst sind. Als Kinder merken wir beim Spielen mit anderen Kindern, was für uns selbst wichtig ist, was wir mögen und was wir nicht mögen. Es ist gar nicht so einfach zu formulieren: Was ist mir in meiner eigenen Religion wichtig? Welche Feste werden in der eigenen Religion gefeiert? Wie wird in der eigenen Religion gebetet? Welche Werte sind meinen Eltern und Großeltern wichtig? Welche Werte sind in der eigenen Religion wichtig?

Identität – oder: Wissen, wer man selbst ist

Es macht Menschen sicherer, wenn sie sich in der Schule und zu Hause austauschen: Was glauben wir in unserer eigenen Religion? Welche Geschichten sind wichtig? Welche Feste feiern wir und was feiern wir an diesen Festen? Denn aus Forschungen weiß man, dass Menschen, die über sich selbst und ihre Familie und das, was ihnen wichtig ist, Bescheid wissen und Interesse an anderen haben, auch besser mit anderen zusammenleben können. Man weiß, dass es für das Zusammenleben hilfreich ist, wenn Menschen ein gutes Selbstwert-Gefühl haben, das heißt, wenn sie empfinden können, dass sie okay sind. Es ist hilfreich, wenn Menschen ihre Stärken und ihre Schwächen kennen, wenn sie ihre Gefühle gut wahrnehmen, ausdrücken und steuern können und wenn sie bei einer Kränkung nicht gleich zornig werden oder sich beleidigt zurückziehen.

Gebote und Werthaltungen

Wie schon gesagt, sind für das Zusammenleben im Alltag Werte und Werthaltungen wichtig. Diese beschreiben, was die eigene Religion sagt, wie man sich verhalten soll. Alle Religionen haben Gebote und Weisungen, die ausdrücken, welches Verhalten richtig und welches falsch ist. Juden und Christen und Muslime ebenso wie Hindu-Gläubige und Buddhisten sind verbunden in ihren wichtigsten Werten. Sie alle glauben, dass der Mensch aufgrund seines Glaubens nicht stehlen darf, ehrlich sein soll und keine Gewalt anwenden darf, dass der religiöse Mensch dem anderen helfen soll und vieles mehr. Du kannst mit deinen Eltern oder anderen Verwandten besprechen, welche Gebote und Grundhaltungen für dich und deine Familie sowie für deine Religion Bedeutung haben.

Was hilft

Für das Zusammenleben von Menschen mit verschiedenen Religionen gibt es ein paar Grundhaltungen, die hilfreich sind. Ich nenne sie dir hier, vielleicht fallen dir noch weitere hilfreiche Eigenschaften ein.

Tolerant sein

Vielleicht hast du das Wort »Toleranz« schon einmal gehört. »Tolerare« stammt aus dem Lateinischen und bedeutet »ertragen, erdulden«, auch »nachsichtig sein, großzügig, weitherzig«. Das Gegenteil »Intoleranz« oder »intolerant sein« meint, »unduldsam sein, keine andere Meinung oder Überzeugung gelten lassen«. Toleranz schützt das Zusammenleben unter Menschen, denn es bedeutet, dass wir verschiedene Überzeugungen nicht teilen oder gutheißen müssen, um gut miteinander zusammenleben zu können. Toleranz heißt, wir »ertragen«, dass wir verschieden sind, dass wir verschiedene Meinungen haben, verschiedene Werte, verschiedene Religionen. Wir schützen unsere Verschiedenheit, indem wir weitherzig und großzügig wahrnehmen und aushalten, dass wir verschieden sind – auch wenn wir uns manchmal über den anderen ärgern oder wenn uns fremd erscheint, was andere machen, wie sie sich kleiden und wie sie leben.

Gleiches vergleichen

Beim Zusammenleben kommen schnell Vergleiche ins Spiel: Kinder vergleichen ihre Noten und die Spielsachen, auch Erwachsene vergleichen immer wieder, wer was hat, ob der andere mehr oder weniger hat.

Dieses Vergleichen geschieht auch bei Religionen. Ein Vergleich kann aber auch verzerrt sein: Es könnte zum Beispiel sein, dass ich die Feiern meiner eigenen Religion, die ich gut kenne, mit anderen vergleiche, die ich kaum oder gar nicht kenne – und sie dadurch sehr interessant finde oder ablehne. Und wieder gilt: Für das Zusammenleben ist es gut, zuerst dem anderen genau zuzuhören und zu verstehen versuchen, was dem anderen und was auch mir selbst wichtig ist.

Konflikte lösen

Weil Menschen verschieden sind, braucht das Zusammenleben gemeinsame »Spielregeln«. Es braucht in der Schule und in der Nachbarschaft ebenso wie in der ganzen Gesellschaft konkrete Regeln, die für alle gelten. Die Staaten auf der ganzen Welt haben sich in den Vereinten Nationen zusammengeschlossen und diese Grundwerte miteinander definiert. Gemeinsam haben sie festgeschrieben, dass die Würde jedes Menschen und die Gleichheit aller Menschen, unabhängig von ihrem Geschlecht und ihrer Herkunft, die feste Grundlage unseres Zusammenlebens sind. In den internationalen Menschenrechten und den Kinderrechten ist beschrieben, was alles zu diesen Grundrechten eines jeden Menschen gehört.

In jeder Gesellschaft braucht es auch Modelle, wie Konflikte gelöst werden können. Du hast sicher schon in deiner Familie, in der Schule und mit Freunden erlebt, was ihr bei Streit und Konflikten gemacht habt und wie ihr diese wieder gelöst habt – vielleicht durch richtige Gespräche, von denen vorhin schon die Rede war, durch Verstehen, durch Toleranz oder durch Rücksichtnahme. Das braucht es überall, wo Menschen zusammenleben, egal, ob Menschen einer gemeinsamen Religion oder verschiedenen Religionen angehören.

Die gemeinsame Basis in allen Religionen: die »Goldene Regel«

Es gibt eine gemeinsame Basis, die alle Religionen miteinander teilen. Sie hält ganz prägnant fest, was für das Zusammenleben wichtig ist. Wir haben als Kinder gelernt: »Was du nicht willst, dass man dir tut, das füg' auch keinem anderen zu.« Im Judentum heißt es: »Tue nicht anderen, was du nicht willst, dass sie dir tun.« In den christlichen Evangelien heißt es: »Alles, was ihr wollt, dass euch die Menschen tun, das tut auch ihr ihnen ebenso.« Und in einem *Hadith*, einem Spruch Mohammads, heißt es: »Keiner von euch ist ein Gläubiger, solange er nicht seinem Bruder wünscht, was er sich selber wünscht.« Auch in den Religionen Asiens gibt es die Goldene Regel. Wenn wir sie im Alltag befolgen, können wir gut zusammenleben, so wie wir sind: vielfältig und bunt.

ZUM WEITERDENKEN UND WEITERFRAGEN:

- Hast du schon einmal mit jemandem, der zu einer anderen Religion gehört, über seine Religion gesprochen? Was würdest du ihn fragen?
- Hast du schon einmal jemandem, der zu einer anderen Religion gehört, von deiner eigenen Religion erzählt? Was würdest du von deiner Religion erzählen?
- Was denkst du: Welche Fähigkeiten braucht es deiner Meinung nach, damit Menschen mit verschiedenen Religionen im Alltag gut zusammenleben können?

Chiara und Albert Biesinger

Sieht Gott auf der ganzen Welt gleich aus?

Neulich habe ich ein ziemlich hitziges Gespräch zwischen meiner zwölfjährigen Enkelin Chiara und ihrer Freundin Emma mitbekommen.

»Gott gibt es gar nicht!«, sagte Emma ganz entschieden. »Die Menschen erfinden einfach Bilder von Gott, aber Gott kann man ja gar nicht sehen.«

Chiara entgegnete: »Aber es gibt doch viele Sachen, die man nicht sieht und die es trotzdem gibt! Von Jesus weiß man viele Geschichten und dass er wirklich gelebt hat.«

Ich fand dieses Gespräch ziemlich spannend und habe Chiara gebeten, mit mir zu diesem Thema gemeinsam weiter zu überlegen.

Nicht einfach nur ausgedacht

Chiara: Irgendwie kann ich schon verstehen, was Emma gemeint hat. Gott kann man nicht sehen, trotzdem stellen sich die Menschen vor, wie er aussehen könnte. Vielleicht war das mit den Geschichten über Gott ja so ähnlich: Es hat manchen Menschen Spaß gemacht, solche Geschichten zu erfinden und aufzuschreiben. Mir würde das jedenfalls auch Spaß machen!

Albert: Die Menschen haben ihre Geschichten aber nicht einfach frei erfunden! Dann würden sie sich ja kaum von Märchen unterscheiden. Die Menschen, deren Geschichten wir heute noch kennen, haben ihre Erfahrungen mit Gott oder dem, was für sie eben göttlich war, gemacht. Diese Erfahrungen waren für sie ganz echt und die Menschen wollten sie gerne an andere weitergeben: Deshalb haben sie diese dann in verschiedenen Phasen, Zeiten und auch an verschiedenen Orten aufgeschrieben. Die Freunde von Jesus zum Beispiel haben nach seiner Auferweckung darüber gesprochen, was sie mit ihm erlebt haben. Später wurde vieles aufgeschrieben und in den vier Evangelien gesammelt.

Die Menschen haben sich auch Bilder zu ihren Erfahrungen überlegt und hatten bestimmte Vorstellungen davon, wie das Göttliche aussehen könnte. Vielleicht hast du schon Götterbilder gesehen, wie es sie in indischen Tempeln gibt, oder Bilder in Kirchen und Klöstern. Manchmal sind es auch nur Zeichen oder Symbole, die auf Gott hinweisen sollen. In Europa findet man Kreuze an Wegen oder auf Berggipfeln. In manchen alten Kirchen gibt es Gottesbilder aus kleinen Mosaiksteinchen. Schon in der Steinzeit, also Tausende Jahre vor Christi Geburt, haben die Menschen Bilder über Leben und Tod gemalt: Wir finden solche Malereien in Höhlen, in denen schon vor vielen Jahrtausenden Menschen gelebt haben.

Du siehst: Schon immer wollten Menschen ihre Erfahrungen mit Gott festhalten und das geht mit einem Bild natürlich besonders gut. Das, was du auf den Bildern siehst, sind die Vorstellungen, welche die Menschen von Gott oder ihren Göttern hatten.

Auch die Vorstellungen von Gott in der Bibel sind ja nicht direkt vom Himmel gefallen. Die Menschen wollten die Güte und Größe Gottes festhalten: Er ist wie ein guter Hirte, wie Licht oder wie ein Retter aus der Gefangenschaft in Ägypten.

In der Steinzeit gab es auch schon Menschen, die besonders wichtig waren. Einer konnte einen Regentanz, der gegen die Dürre helfen sollte, ein anderer konnte besonders gut kämpfen und die Menschen vor Feinden beschützen oder etwas anderes. Deswegen wurden sie dann verehrt, fast wie Götter. Vielleicht sind ja auch so Bilder von Gott entstanden?

Manche Kulturen um das Volk Israel herum glaubten tatsächlich an viele Götter und hatten damit auch verschiedene Bilder von ihnen. Dann, vor ungefähr 4000 Jahren, wurde Abraham offenbart, dass es nur den einen Gott gibt. Das erfahren wir aus der Thora, aber auch in der Bibel und dem Koran wird diese Geschichte erzählt. Das Volk Israel hat sich trotzdem immer wieder auch zum Glauben an viele Götter verführen lassen.

Von Gott, wie ihn das Volk Israel verstanden hat, gibt es keine Bilder. Es war sogar verboten, sich Bilder von Gott zu machen. »Du sollst dir kein Gottesbild machen…«, so steht es im Buch Exodus, 20. Kapitel, 4. Vers, in der Bibel.

In manchen Zeiten des Christentums war es also auch nicht erlaubt, sich von Jesus überhaupt ein Bild zu machen, weil man Jesus eben auf keinem von Menschen gemachten Bild wirklich darstellen könne.

Erst im Lauf der Zeit gab es mehr und ganz verschiedene Bilder von Jesus.

Gott hat viele Gesichter

Jesus sieht aber auf Bildern oft ganz verschieden aus – in Lateinamerika sieht er aus wie ein Eingeborener, in Europa wie ein blonder Mann und in Israel als Mann mit schwarzem Bart. Da stimmt doch etwas nicht, wenn er so verschieden dargestellt wird!

Menschen, die Bilder von Gott malen, bringen immer auch ihre eigenen Vorstellungen mit und malen sie in das Bild hinein. Keines der Bilder kann Gott wirklich darstellen. Sie bleiben immer nur vorläufige Versuche – nicht mehr.

Menschen haben in ihrer Zeit, in ihren Weltregionen, die einen in Asien, die anderen in Afrika, in Europa oder Lateinamerika, auf ihre Weise und mit ihren Möglichkeiten Gott gesucht und sich Gott vorgestellt. Deswegen sind die Bilder von Gott ja auch aus einer bestimmten Zeit heraus oder aus einer bestimmten Weltgegend mit ihrer Kultur heraus entstanden und zu verstehen.

Die Menschen haben doch auch schon vor Jesus an Gott geglaubt, nur vielleicht anders. Dann hat sich mit Jesus ja eigentlich nur die Glaubensrichtung geändert. Warum musste er denn kommen, wenn die Menschen doch schon an Gott geglaubt haben? Vielleicht, weil es noch nicht der richtige Glaube war? Ich meine: Wenn sie doch schon vorher an Gott geglaubt haben, muss es ja einen Grund geben, dass Jesus überhaupt zu uns kam.

Jesus war speziell. Er hat verkündet, dass Gott in ihm selbst ganz nahe ist und wir zum Be-Reich Gottes gehören, ja sogar, dass Gott in uns wohnt.

Gott hat alle Menschen erschaffen – eben auch die vielen Milliarden Menschen, die es bereits vor Jesu Geburt gab. Auch sie haben sich in ihrer Zeit und den Ländern ihrer damaligen Welt schon Gedanken darüber gemacht, ob es Gott gibt, wie Gott aussieht, und Gott auf ihre Weise gefunden.

Mehr als eine Religion, viele verschiedene Bilder von Gott

Du meinst also, man kann gar nicht wissen, welche die »richtige« Religion ist? Ich habe mich eben dafür entschieden, dass das Christentum für mich die richtige Religion ist, weil das Bild von Gott im Christentum meiner Vorstellung am nächsten kommt. Manche Bilder von Gott in anderen Religionen passen für mich nicht.

Deswegen ist es meine persönliche Entscheidung, wenn ich mich dafür entscheide, christlich an Gott zu glauben.

Was ich aber noch nicht ganz verstehe: Warum verehren Christen einen Juden – Jesus ist doch ein Jude?

Ein Kind einer jüdischen Mutter ist jüdisch. Maria, die Mutter Jesu, war Jüdin. Deswegen war Jesus ein jüdisches Kind. Er ist jüdisch erzogen worden, er ging damals in eine jüdische Thora-Schule und hat deswegen all das, was das Volk Israel schon von Gott wusste, gekannt.

Im Volk Israel gab es damals eine große Sehnsucht, dass der »Messias« endlich kommen und das Volk aus der Not der Unterdrückung retten solle. Für viele war Jesus dieser Messias. Aber er war ein anderer Messias, als viele Juden sich das damals vorgestellt hatten: Er hatte keine Soldaten und auch keine Macht, das Volk Israel von der römischen Unterdrü-

ckung zu befreien. Er war ein König mit einer »Dornenkrone«. Und er wurde ja dann als Opfer am Kreuz ermordet.

Aber er wurde von Gott auferweckt. Die Rettung, die Jesus uns gebracht hat, war eine andere: Er hat den Tod überwunden und uns den Himmel geöffnet. Jesus von Nazareth wurde so zum »Christus«, was, wie du bestimmt weißt, »Messias« oder »Gesalbter« bedeutet.

Die, die ihm nachfolgten, waren ja alle jüdische Frauen und Männer. Sie haben sich zu Jesus Christus bekannt und wurden dadurch zu »Christen« und »Christinnen«.

Das Christentum bleibt aber immer im Judentum verwurzelt, weil Jesus Jude war.

Aber es muss ja einen Sinn haben, warum es lange vor Jesus auch schon Religionen gegeben hat. Gott hat vielleicht schon davor Menschen geschickt, die den Glauben erschaffen sollten!

Verschiedene Religionen gab und gibt es, weil verschiedene Menschen in ihrer Zeit und in ihrer Umgebung sich Gott so und andere sich Gott eben anders vorgestellt haben.

Gott hatte also schon vor Jesus in Menschen die Sehnsucht nach ihm geweckt. Deswegen gab es davor schon Glauben.

Eine entscheidende Entwicklung war der Glaube an den einen Gott im Judentum, im Christentum und im Islam.

Das Christentum baut auf dem Judentum auf und der Islam hat in seinem heiligen Buch Koran vieles, was es schon im Judentum und im Christentum gab. Beispiele dafür sind der Glaube an den einen Gott, das Glaubensbekenntnis, Almosen für die Armen und Schwachen, Fastenzeiten und Wallfahrten. Das Christentum hat bis heute die Fastenzeit der 40 Tage vor Ostern. Im Islam ist die Fastenzeit der Ramadan. Du siehst, es gibt viele Gemeinsamkeiten zwischen den Religionen. Es ist wichtig, das festzuhalten, weil es natürlich auch ernst zu nehmende Unterschiede gibt. Ärgerlich ist aber, dass sich Menschen gegenseitig bekämpfen, nur weil sie eine andere Vorstellung und ein anderes Bild von Gott haben.

Gott ist der Gott aller Menschen

Jeder stellt sich Gott anders vor. Es kann ja sein, dass es immer der gleiche Gott ist, nur durch unsere Fantasie ein bisschen verändert?

Ich gehe davon aus, dass Gott der Gott aller Menschen ist und er alle Menschen liebt und aus dem Tod retten will. Wir Menschen machen uns aber, solange wir hier auf der Erde unterwegs sind, unsere eigenen Vorstellungen und Fantasien von und über Gott. Weil wir Menschen verschieden sind, haben wir auch unsere verschiedenen Gottesvorstellungen.

Bedeutet das nicht, dass sich jeder irgendwie seinen eigenen Gott macht, wenn alle sich Gott ganz unterschiedlich vorstellen?

Natürlich ist es nicht egal, welche Bilder man sich von Gott macht. Wenn man sich Gott vorstellt als Tier mit 33 Rüsseln oder wie einen Drachen mit einem langen riesigen Schwanz, der Feuer speit, dann stimmt das ja mit keiner uns bekannten Darstellung von Gott überein. Damit meine ich, dass sich im Christentum durch die Geschichten, die uns aus der Bibel bekannt sind, bestimmte Vorstellungen von Gott herauskristallisiert haben. Das Christentum ist ja nicht beliebig – nach dem Motto: alles und nichts –, sondern es basiert auf der konkreten Botschaft der Bibel: dem Glauben an den einen Gott, der für uns Schöpfer und Vater ist, an Jesus Christus, der uns von Gott erzählt und uns den Himmel geöffnet hat, und an den Heiligen Geist, der in uns wohnt, uns lenkt und leitet. Der Heilige Geist gibt uns Menschen die Möglichkeit, nach dem Tod weiterzuleben, auch wenn unser biologischer Körper eines Tages stirbt. Christen glauben also nicht an drei Götter, sondern an den einen Gott, der ihnen auf verschiedene Weise begegnet.

Wir Menschen brauchen bestimmte Bilder von Gott. Unser Gehirn deutet die Wirklichkeit nun einmal in Bildern, Fantasien und Vorstellungen. Wichtig ist aber, dass wir uns immer wieder klarmachen, dass Gott größer und anders ist als die Bilder, die wir uns von ihm machen. Wir können neugierig sein, wie uns Gott jetzt in unserem Leben immer wieder neu und später, wenn wir gestorben sind, begegnet.

ZUM WEITERDENKEN UND WEITERFRAGEN:

- Wie stellst du dir Gott vor? Schreibe auf, welche Begriffe dir dazu einfallen. Du kannst aber auch einfach selbst ein Bild malen!
- Frage eine Freundin oder einen Freund, deine Eltern oder Lehrer, ob sie auch Lust haben, dir etwas über ihre Vorstellungen von Gott zu erzählen. Sind sie ähnlich wie deine eigenen? Oder anders? Und wenn sie anders sind: Wie findest du das?
- Es gibt viele Dinge, die man nicht sehen kann, die aber trotzdem da sind. Welche fallen dir ein?

Hans Mendl

Warum gibt es in den Religionen so viele Gebote?

Als unsere Tochter Hannah zwei Jahre alt war, stand sie vor dem Bücherregal, deutete auf die Bücher und sagte »Bücher«, dann auf mich und sagte: »Papa – nein!«. Zu gerne hätte sie einige Bücher herausgezogen! Wir haben zu Hause sehr viele Bücher, und deshalb war es uns wichtig, unserer Tochter Grenzen zu setzen: »Nein!«, das hat sie oft von Papa hören müssen! Ihr Regal mit Bilderbüchern durfte sie gerne ausräumen, die anderen nicht.

Welche Gebote und Verbote kennst du? »Rasen betreten verboten!« – »Auch während der Mittagspause auf dem Schulgelände bleiben!« – »Wir lassen einander ausreden!« Im Alltag gibt es viele Regeln, die Kinder und Erwachsene einhalten sollen. Nicht immer versteht man diese Regeln gleich. Was meinst du, gibt es Gründe für diese Gebote: Wieso darf ich nicht auf dem Rasen spielen? Warum dürfen wir in der Mittagspause das Schulgelände nicht verlassen, die älteren Schüler aber schon? Wenn der Max immer so lange quatscht, muss man ihn doch auch mal unterbrechen!

Regeln und Verbote erleichtern unser Leben!

Es ist anstrengend, in jeder Situation neu zu entscheiden, was gut und richtig ist; Gebote und Regeln erleichtern den Alltag. Anstatt jeden Abend mit meinem Vater übers Zähneputzen zu streiten, lass ich die Zeit fürs Putzen halt von der Sanduhr bestimmen. Am Küchentisch hat jeder seinen festen Platz. Eigentlich ist es gut, wenn nicht der Lauteste in der Klasse zu Wort kommt, sondern wir uns melden müssen. Auch wenn manche Regeln nicht in jedem Moment einleuchten, so haben sie vielleicht doch einen Grund: Beim Ballspielen auf dem Rasen können auch die Rosen von Oma Huber, die sie so liebevoll pflegt, umgeknickt werden. Ältere Kinder können besser mögliche Gefahren außerhalb des Schulgeländes abschätzen.

Wir sind nicht allein auf der Welt, deshalb benötigen wir für das Zusammenleben mit anderen Regeln und Gebote. Diese schützen uns und geben uns Sicherheit: Wir dürfen darauf vertrauen, dass uns niemand die Schultasche stiehlt, und falls doch, dass der Dieb gefasst und bestraft wird. Gleichzeitig setzen uns Gebote auch Grenzen: Wir dürfen tun, was wir wollen, solange wir nicht andere Menschen schädigen. Regeln dienen also dazu, dass es allen Menschen gut geht. Deshalb erlässt jeder Staat genaue Gesetze, in denen viele Teilbereiche des Zusammenlebens geregelt sind. Auch in der Schule, im Sportverein und in der Familie sorgen Regeln dafür, dass man nicht jeden Tag vereinbaren muss, wie das gemeinsame Leben und Handeln organisiert werden soll. Stell dir mal vor, man müsste vor jedem Fußballspiel neu die Regeln festlegen – da wäre die Spielzeit um, bevor man zu spielen beginnen könnte! Habt ihr schon mal in eurer Klasse Gesprächsregeln vereinbart, an die sich alle halten sollen? Diese gelten, und wenn sich herausstellt, dass sie nicht funktionieren, müsst ihr sie neu verhandeln. Bestimmt haben eure Eltern Regeln aufgestellt: Bettgehzeit, Tischmanieren, Handy-Nutzung… Von Zeit zu Zeit werden diese Vereinbarungen überprüft und neu gestaltet.

Haben alle Religionen die gleichen Gebote?

Wozu sind also Gebote da? Sie wollen dazu beitragen, dass Menschen achtsam miteinander umgehen. Von daher verwundert es nicht, dass auch alle Religionen durch Regeln und Gebote das Leben ihrer Gläubigen zum Guten hin beeinflussen wollen. In allen Religionen der Welt gibt es genauer ausgeführte Gebote, die den Umgang mit Gott, mit den Mitmenschen, mit einem selber und mit der Schöpfung regeln. Vielleicht kennst du schon einige der folgenden Regeln?

Im **Judentum** sind die wichtigsten Gebote in den Zehn Geboten (Dekalog) formuliert. Die ersten drei Gebote beziehen sich auf das Verhältnis zwischen den Menschen und Gott: Du sollst nur einen Gott verehren! Du darfst Gott nicht beleidigen! Du sollst den Sonntag als von Gott geschenkten Ruhetag einhalten! Die weiteren Gebote regeln das Leben der Menschen untereinander: Du sollst Vater und Mutter ehren, nicht morden, nicht ehebrechen, nicht stehlen, nicht lügen, nicht die Frau deines Nächsten begehren und auch nicht seinen Besitz. Bibelforscher weisen darauf hin, dass man die positive Bedeutung des Dekalogs nur vom Einleitungssatz her verstehen kann: »Ich bin dein Gott, der dich aus Ägypten geführt hat, aus dem Sklavenhaus.« Was bedeutet das? Die Israeliten hatten in Ägypten in Knechtschaft gelebt; Gott hat sie befreit.

Dann erhielten sie von ihm die Gebote, damit sie mit der geschenkten Freiheit verantwortlich umgehen können. Wer das begriffen hat, für den wird aus einem »Du sollst!« ein »Du darfst!«. Dein Leben wird gelingen, wenn du dich bemühst, diese Gebote in deinem Leben umzusetzen!

Jesus war ja ein gläubiger Jude, und deshalb ist auch für **Christen** der Dekalog wichtig. Auf die Frage, was denn das wichtigste Gebot sei, antwortete Jesus: »Du sollst Gott lieben.« Und weiter: »Du sollst deinen Nächsten lieben wie dich selbst.« Gott lieben, den Nächsten lieben, sich selber lieben: Das ist doch schon eine gute Ausgangsbasis für ein gutes Leben mit anderen, oder?

Im **Islam** gibt es fünf Grundpflichten, die jeder Muslim einhalten soll: das Glaubensbekenntnis, das rituelle Gebet mehrmals am Tag, das regelmäßige Fasten (*Ramadan*), eine Spende für die Armen und die Pilgerfahrt nach Mekka. Manchmal werden diese fünf Gebote mit dem Symbol der fünf Finger einer Hand dargestellt, um zu zeigen, dass die Menschen auch das tun sollen, woran sie glauben.

Im **Hinduismus** regt der Glaube an die Wiedergeburt die Gläubigen zu guten Taten an: Wer recht handelt, hat die Chance, in einer höheren Lebensform wiedergeboren und einst aus dem Kreis der Wiedergeburten befreit zu werden.

»Achtsamkeit« ist die Lebenseinstellung, zu der sich **Buddhisten** verpflichten. Dies wird unterstützt durch die Regeln des achtfachen Pfads (der auch mit dem Bild der acht Speichen eines Rads veranschaulicht wird), die man so erklären kann: Bemühe dich um Weisheit, sei gelassen und friedfertig, lüge nicht, tue keinem Lebewesen etwas Böses, schade niemandem, erfülle deine Pflichten, sei achtsam und besonnen, meditiere.

Prinzipien, an denen wir uns festhalten können

Was verbindet die unterschiedlichen Gebotskataloge der verschiedenen großen Religionen? In allen großen Weltreligionen gibt es ein fast gleichlautendes allgemeines Gebot, die sogenannte »Goldene Regel« (Gold ist etwas ganz Wertvolles!): »Alles, was ihr von anderen erwartet, das tut auch ihnen!«, heißt es im Christentum. Im Hinduismus lautet das so: »Man sollte sich gegenüber anderen nicht in einer Weise benehmen, die für einen selbst unangenehm ist«, in der Chinesischen Religion: »Was du selbst nicht wünschst, das tue auch nicht anderen Menschen an«, im Judentum: »Was dir selbst verhasst ist, das mute auch einem anderen nicht zu«, im Buddhismus: »Ein Zustand, der nicht angenehm oder erfreulich für mich ist, soll es auch nicht für ihn sein; und ein Zustand, der nicht angenehm oder erfreulich für mich ist, wie kann ich ihn einem anderen zumuten?«, und im Islam: »Keiner von euch ist ein Gläubiger, solange er nicht seinem Bruder wünscht, was er sich selber wünscht«.

Was ich spannend finde: Alle Religionen betonen, dass du zunächst überlegen sollst, was dir selber gut- oder nicht guttut – und ebenso auch den anderen gegenüber handelst. Überleg dir doch mal einige Beispiele!

Das Parlament der Weltreligionen hat auf dieser Grundlage im Jahre 1993 die beiden folgenden Grundprinzipien formuliert: 1. Jeder Mensch muss menschlich behandelt werden. 2. Was du willst, dass man dir tut, das tue auch den anderen.

Die Goldene Regel ist eine gute Grundlage fürs Zusammenleben der Menschen! Aber reicht sie aus? Nein, denn das Leben ist kompliziert, und wir brauchen für unterschiedliche Lebenssituationen und Konfliktfelder so etwas wie ein Geländer, an dem wir uns festhalten können. Aus den beiden Grundprinzipien des Parlaments der Weltreligionen folgen deshalb vier wichtige Weisungen: 1. Die Ehrfurcht vor dem Leben und der Verzicht auf Gewalt: »Du sollst nicht töten!« 2. Ein respektvoller Umgang untereinander: »Lüge nicht!« – »Sprich und handle wahrhaftig!« 3. Gerechtigkeit und Nächstenliebe: »Stiehl nicht!« und »Handle ehrlich und gerecht!« 4. Die Gleichheit aller Menschen und besonders der verschiedenen Geschlechter: »Respektiert und liebt einander!«.

Was passiert, wenn Gebote missachtet werden?

Das Bild von den Geboten als Geländer kann man noch weiter ausführen: Du weißt sicher, dass kleine Kinder, die Gefahren noch nicht abschätzen können, manchmal ein richtiges Geländer brauchen, zum Beispiel im Treppenhaus, damit sie nicht die Treppe hinunterfallen. Die Merksätze im Klassenzimmer, zum Beispiel: »Wir lassen einander ausreden«, erinnern an die Gesprächsregeln. Wird dagegen verstoßen, dann reicht es, wenn man auf das Gebot deutet. Das Geländer verändert sich, wenn ihr älter werdet. Eure Eltern vertrauen darauf, dass ihr einsichtig handelt und nicht über die Stränge schlagt, wenn ihr beispielsweise alleine in der Stadt unterwegs seid. Natürlich darf meine Tochter, die inzwischen erwachsen ist, nun meine Bücher aus einem

Bücherregal herausnehmen. Sie wird sie wieder an den richtigen Ort zurückstellen!

Müsste es nicht eigentlich das Ziel sein, dass irgendwann kein Geländer mehr nötig ist? Weil man den Sinn der Gebote verstanden, sie verinnerlicht hat und sich automatisch daran hält? Naja, das ist sicher eine ideale Vorstellung, aber auch Erwachsene brauchen immer wieder eine Erinnerung an die grundlegenden Regeln des Zusammenlebens! Kein Mensch ist perfekt: Immer wieder steigen wir übers Geländer und übertreten Gebote. Aus diesem Grund gibt es in den Weltreligionen Hilfestellungen, um mit der Erfahrung des Versagens und Scheiterns zurechtzukommen: Im Judentum gibt es das »Jom-Kippur«-Fest, den Tag der Versöhnung, an dem die Gläubigen ruhen und fasten sollen, um über ihr Leben nachzudenken. Auch die Fastenzeit, zum Beispiel im Christentum oder im Islam, dient der Besinnung und dem Nachdenken über das eigene Leben, über Gelungenes und Misslungenes. Für Katholiken ist die Beichte ein Sakrament, in dem man seine Sünden vor Gott bringt und um Vergebung bittet.

Du kennst sicher auch Beispiele dafür, was geschieht, wenn Regeln übertreten werden: Wer seine Hausaufgabe häufig nicht macht, muss mit unangenehmen Folgen rechnen. Wenn du abends erst um 9 Uhr statt um 8 Uhr heimkommst, wirst du sicher ein mulmiges Gefühl an der Wohnungstür haben. Wenn deine Mutter mit dem Auto schneller fährt, als erlaubt, und von der Polizei geblitzt wird, muss sie eine Geldstrafe bezahlen. Der Staat und staatliche Einrichtungen sehen für das Überschreiten von Gesetzen ein bestimmtes

Strafmaß vor. Beim Übertreten der religiösen Gebote hingegen bestraft sich der Sünder eigentlich selber: Weil er nicht das tut, was für ein gutes Zusammenleben sinnvoll wäre!

ZUM WEITERDENKEN UND WEITERFRAGEN:

- Sprecht mit euren Eltern und Geschwistern darüber, welche Gebote für sie am wichtigsten sind. Vielleicht gelingt es euch, eine »Familiengebote-Liste« zu erstellen!
- Stell dir vor, du wachst auf, und es gibt keine Regeln mehr… Wie würde dein Tag ablaufen?
- Sammelt Gebote und Gesetze, die ihr für unsinnig erachtet, und versucht herauszufinden, welchen Sinn sie haben könnten. Vielleicht gibt es aber auch tatsächlich Regeln, die unsinnig sind!
- Wer Gebote übertritt, bestraft sich selber: Stimmt das?

Joseph A. Kanofsky*

Was bedeutet es, jüdisch zu sein?

Auf dieser Welt gibt es alles in Vielfalt. Die Länder der Erde unterscheiden sich, jeder Mensch ist einzigartig und keiner gleicht dem anderen. Auch bei den Religionen ist das so: Es gibt ganz verschiedene. Vom Judentum hast du bestimmt schon gehört. Aber was bedeutet das eigentlich genau? Ist das Judentum nur eine Art, an Gott zu glauben? Sind Juden eine Nation mit gemeinsamer Geschichte und Kultur, die über die ganze Welt verstreut ist? Ist Jüdischsein eine Sprache oder geht es um bestimmte Bräuche? Die Antwort kommt auf die Person an, die du fragst.

Was Schaindel aus Kanada dir antworten würde

Für Schaindel, ein religiöses Mädchen aus Montreal in Kanada, ist das Judentum ein Glaube, eine Religion und eine Lebensart. Sie geht auf eine Mädchenschule, wo sie die meiste Zeit die heiligen Bücher der jüdischen Religion liest und aus ihnen lernt. Dabei liest sie den *Chumasch* (das ist ein hebräisches Wort für »fünf« und bedeutet *Pentateuch:* die fünf Bücher von Moses), Texte von den Propheten Jesaja, Jeremiah und Ezechiel oder andere heilige Schriften, wie Psalmen, die Sprichwörter oder das Buch Esther. Schaindel liest die Bücher auf Hebräisch, aber die Lehrer in ihrer Schule sprechen Englisch und Jiddisch, so wie bei ihr zu Hause. Jiddisch ist eine Sprache, die ähnlich wie Deutsch ist. Aber in der Öffentlichkeit sprechen in Montreal alle Französisch.

* Aus dem Englischen übersetzt von Yvonne Kimmig.

Schaindel lernt auch *Dinim;* das sind Gesetze, die regeln, wie eine religiöse Jüdin täglich leben soll. Ein Beispiel dafür ist, *koscher* zu leben. Das heißt, dass Schaindel kein Schweinefleisch und keine Meeresfrüchte isst und dass das Fleisch sehr sorgfältig zubereitet wird. Dazu gehört auch, dass alles Blut von dem Fleisch entfernt wird, da es verboten ist, dass Juden Blut essen.

Eine andere Sitte ist es, den *Schabbes* oder *Schabbat* zu beachten. Dabei darf Schaindel freitags von Sonnenuntergang bis samstags zum Beginn der Nacht kein Auto und keinen Bus benutzen, kein Geld ausgeben oder einkaufen gehen; sie darf auch keine E-Mails checken oder mit Freunden am Telefon reden. Denn alles das wäre Arbeit oder Mühe, die am *Schabbes* nicht erlaubt ist. *Schabbes* ist ein friedlicher Tag für Zeit mit Familie und Freunden, gemeinsam spazieren zu gehen, zu essen, zu reden, in einer Synagoge zu beten und von allen Aktivitäten der Woche auszuruhen. An *Schabbes* erinnern sich Juden daran, dass auch Gott sich am siebten Tag nach einer anstrengenden Woche, in der er die Welt erschaffen hatte, ausgeruht hat.

Und wie lebt Meir aus Israel?

Meir lebt in Tel Aviv, der größten Stadt in Israel, und er lebt ein ganz anderes Leben als Schaindel. Meirs Familie spricht Hebräisch, wie alle anderen in Tel Aviv. Meir ist sehr interessiert an Computern und er besucht eine Schule, an der man lernen kann, Computerprogramme zu schreiben. Er will später an einer Universität studieren, um Computerexperte zu werden. Aber bevor er an dieser Universität studieren kann, muss er drei Jahre im israelischen Militär dienen. Meirs Plan ist es, auch im Militär mit Computern zu arbeiten und dort neue Fähigkeiten für das Programmieren zu lernen.

In Meirs Schule gibt es auch Fächer wie Erdkunde, Geschichte, Mathe, Chemie und Literatur. Die Bücher, aus denen er lernt, sind von berühmten Schriftstellern und Dichtern aus Israel. Bücher aus der ganzen Welt wurden auf Hebräisch übersetzt, damit er und seine Klassenkameraden auch mit diesen Büchern lernen können. Die fünf Bücher von Moses werden nicht an seiner Schule unterrichtet, weil die Menschen in seiner Nachbarschaft nicht religiös sind.

Samstags haben Meir und seine Familie frei und sie müssen nicht arbeiten oder lernen. Dann gehen sie ins Kino, an den Strand mit Freunden, zum Wandern oder machen andere Freizeitaktivitäten. Sie wissen, dass es Juden in Israel gibt, die ein religiöses Leben führen. Meir und seine Familie gehören aber nicht dazu. Sie sind Israeli und sprechen Hebräisch und kennen die Geschichte ihres Landes, aber sie fühlen sich nicht mit den Juden in anderen Teilen der Welt verbunden.

Sam vom anderen Ende der Welt

Sam lebt in Australien, wo sie auf eine öffentliche Schule geht. Sams Urgroßvater ist aus Russland nach Melbourne ausgewandert, aber Sams Familie kann die Sprachen Russisch und Jiddisch, die Sams Urgroßvater sprechen konnte, nicht mehr. Sie reden zu Hause Englisch, so wie alle um sie herum. Sam geht für vier Stunden die Woche auf eine jüdische *Chabad*-Schule, in der sie die jüdische Sprache Hebräisch und Gebete des Judentums lernt. Sams Familie ist irgendwo zwischen Schaindels und Meirs Familie – sie beten ein paar Mal im Monat in der Synagoge, halten den *Schabbes* aber nicht streng ein. Sie unternehmen viele Dinge an einem Samstag, Sam geht zum Beispiel zu ihrem Lieblingssport Fußball.

Ihre Familie isst manchmal *koscheres* Essen, manchmal auch Essen, das nicht *koscher* ist. Sam war einmal mit ihrer Familie in Israel, wo Cousins und Cousinen von ihr leben. Wenn Sam 13 Jahre alt wird und ihre *Bat Mitzwah* feiert, will sie mit ihrer Familie ein weiteres Mal nach Israel reisen. Auch wenn sie kein Hebräisch können, besuchen sie gerne die historischen Orte in Israel, die in der Bibel beschrieben werden, und hören gerne israelische Musik, obwohl sie die meisten Wörter davon nicht verstehen.

Jüdisches Leben auf der ganzen Welt

Das sind drei verschiedene Kinder, die in drei verschiedenen Ländern leben und drei sehr unterschiedliche Leben führen. Sie sind alle Juden, weil ihre Vorfahren Juden waren. Auch wenn das Judentum oft als Religion bezeichnet wird, ist ein Jude, der nicht betet, den *Schabbes* nicht beachtet und kein Hebräisch kann, immer noch Jude. Juden dürfen sich entscheiden, ob sie die Regeln und Bräuche des Judentums einhalten wollen oder nicht. Sie können auch eine Mischung machen. Das ist im Grunde ja auch in anderen Religionen so; zum Beispiel halten sich ja auch nicht alle Christen streng an die Fastenzeit vor Ostern.

Jude zu sein ist zum Teil eine Religion, zum Teil eine Kultur und zum Teil eine Nationalität. Eigentlich ist es alles drei.

Jahrhundertelang lebten Juden in vielen Ländern: im Iran und im Irak, in Marokko, Tunesien, Ägypten, der Türkei, in Deutschland, Frankreich, Polen, Italien, Ungarn, Russland, Venezuela, Argentinien, Südafrika, Thailand, Japan und Kanada. Heutzutage leben die meisten Juden in Israel oder in den USA. Aber noch immer gibt es in über 100 Ländern der Welt kleinere jüdische Gemeinden.

Also, was heißt es wirklich, Jude oder Jüdin zu sein? Und wer entscheidet, wer jüdisch ist?

Jude zu sein, kann sehr Verschiedenes bedeuten

Jude zu sein kann sehr Verschiedenes bedeuten für unterschiedliche Menschen in unterschiedlichen Zeiten. Im Laufe der Geschichte gab es viele Ähnlichkeiten zwischen Juden in Polen, Deutschland, Marokko und im Irak. Sie haben alle den *Schabbat* auf die gleiche Weise immer an einem Samstag gefeiert. Sie haben auf Hebräisch gebetet, auch wenn sie sonst Arabisch, Deutsch, Tschechisch oder Farsi gesprochen haben. Ein berühmter jüdischer Reisender namens Benjamin von Tudela hat sein Zuhause in Spanien im Jahr 1165 verlassen und ist durch Frankreich, Italien und Griechenland bis nach Israel gereist und dann weiter nach Bagdad, Kairo und Alexandria. Er beschrieb überall das Leben der Juden in den unterschiedlichen Ländern und wie ähnlich diese sich waren. Das war mitten im Mittelalter, 100 Jahre vor Marco Polo!

Während manche Juden glauben, dass nur Gott und die Regeln des Judentums darüber entscheiden, wer jüdisch sein kann, glauben andere, dass es ausreicht, wenn man sich als Jude oder Jüdin identifiziert. Es gibt keine Autorität, welche auf der ganzen Welt entscheidet, wer Jude ist und wer nicht. Israel hat einen Oberrabbiner, aber das ist eine staatliche Position, die nur in Israel Bedeutung hat und nicht für die USA, Kanada oder Europa entscheiden kann.

»Spitznamen« für Jüdinnen und Juden

Es gibt ein paar bekannte Spitznamen für Juden. Einer davon ist »Volk des Buches«. Damit ist gemeint, wie wichtig die Bibel, Gebetbücher und die Gesetzbücher wie der *Talmud* für die jüdische Religion und Kultur sind. Diese heiligen Bücher zu lesen ist eine religiöse Tätigkeit und verbindet eine Person mit Gott. Nicht nur Rabbiner und Gelehrte, sondern alle Juden werden auch manchmal als »die Auserwählten« bezeichnet, da sie fühlen, dass Gott sie ausgesucht hat, um nach den Regeln, wie z. B. *koscher* und *Schabbes,* und nach strengen Gesetzen zu leben; außerdem sollen sie in geschäftlichen Dingen immer ehrlich sein. Juden sehen sich selbst als »Licht für die Nationen«. Das heißt, sie möchten ein Vorbild sein und zeigen, wie man sich um Eltern und Freunde kümmert, wie man Kinder unterrichtet und wie man sich verantwortungsbewusst für die Harmonie und das friedliche Zusammenleben verschiedener Völker einsetzt.

Leider war es den Juden nicht immer vergönnt, selbst in Frieden und Harmonie zu leben. Zu anderen Zeiten der Geschichte haben Juden Verfolgung erfahren: Sie durften nicht Bürger des Landes sein, in dem sie lebten, sie durften oft nicht arbeiten oder ihre Religion frei leben. An anderen Orten mussten Juden eine Menge Steuern zahlen, um von den Landesherren in Frieden gelassen zu werden. Manchmal durften sie nicht entscheiden, wo sie wohnen wollten, sondern mussten in sogenannte »*Gettos*« ziehen, wo sie sehr eingeschränkt lebten. *Getto* ist ein italienisches Wort, es bedeutet Gießerei und war der Name eines jüdischen Stadtviertels in Venedig im Jahr 1516, wo es zum ersten Mal als Name für das Viertel der Juden benutzt wurde.

Auch heute noch gibt es Menschen, die das Wort »Jude« als Beleidigung zu anderen Menschen sagen, um sie zu verletzen, egal ob sie Juden sind oder nicht. Das ist schwer zu ertragen.

Trotz oft schwieriger Bedingungen blieben Juden stolz und standhaft in ihren Traditionen, Bräuchen und Sprachen. Wenn du irgendwo auf der Welt eine Synagoge besuchst, wirst du vermutlich Leute finden, die zusätzlich zu ihrer Landessprache noch Hebräisch sprechen können. Besucher, die interessiert am Judentum sind und respektvoll mit dem jüdischen Glauben umgehen, sind übrigens herzlich willkommen. Hebräisch ist die offizielle Sprache der Bibel, die bis heute in Israel und von vielen Juden aus der ganzen Welt gesprochen wird als eine Art internationale Sprache. Die meisten religiösen Bücher sind auf Hebräisch geschrieben, sodass alle Juden aus Italien, Deutschland, Argentinien, Amerika oder Marokko sie lesen und verstehen können.

Das Judentum ist vielfältig und kennt viele Lebensweisen.

ZUM WEITERDENKEN UND WEITERFRAGEN:

- Gibt es eine jüdische Gemeinde in deiner Stadt oder in der Nähe deines Wohnorts? Schlag doch deiner Lehrerin oder deinem Lehrer oder deinen Eltern vor, einmal eine Synagoge zu besuchen und mit den Jüdinnen und Juden dort zu sprechen.
- Gab es früher Juden in deiner Stadt oder in deiner Nähe? Was ist aus ihnen geworden?
- Was würdest du jüdische Kinder wie Schaindel, Meir und Sam am liebsten fragen?

Fahimah Ulfat

Warum tragen manche Musliminnen ein Kopftuch?

Du hast sicherlich aus den Nachrichten und aus deinem Umfeld schon manches über das Kopftuch im Zusammenhang mit Musliminnen gehört (Musliminnen ist die weibliche Form von Muslim). Du hast auch sicher schon Frauen gesehen, die ein Kopftuch tragen. Hast du auch schon mal einen Mann mit Kopftuch gesehen?

Zunächst einmal sagt das Wort Kopftuch ja schon etwas darüber aus, was es ist. Es ist ein Stück Tuch oder Stoff, das den Kopf bedeckt. Du hast dir sicher auch schon die Frage gestellt, warum manche Menschen ihren Kopf überhaupt bedecken. Dafür gibt es verschiedene Gründe: praktische, kulturelle und religiöse.

Praktische Gründe

Es ist manchmal sehr praktisch, den Kopf zu bedecken. Im Winter, wenn es sehr kalt ist, im Sommer, wenn es sehr heiß ist, wenn es irgendwo sehr staubig ist oder sehr windig, wie zum Beispiel beim Cabrio-Fahren. Es ist auch an manchen Arbeitsstellen vorgeschrieben, die Haare zu bedecken, zum Beispiel wenn man in einer Küche arbeitet oder mit Maschinen, in denen sich die Haare verfangen könnten. Hier werden Haarnetze verwendet. Die praktischen Gründe sind also Hygiene und Schutz. Um noch mal auf die Männer zurückzukommen: In vielen Ländern, in denen es besonders heiß und staubig ist, tragen auch Männer oft ein Kopftuch. In der arabischen Welt zum

Beispiel tragen viele Männer zum Schutz vor der Sonne ein Kopftuch, das *Kufiya* genannt wird.

Kulturelle Gründe

Das Bedecken des Kopfs kann auch eine kulturelle Bedeutung haben. Kultur umfasst die Regeln des Zusammenlebens, aber auch die Sprache, Schrift, Kunst, die Bräuche und Sitten und vieles mehr, was von unterschiedlichen Gesellschaften geschaffen und geformt wird. Es gibt verschiedene Kulturen, die in unterschiedlichen Gebieten der Welt entstanden sind und die sich voneinander unterscheiden. Das Kopftuch kann auch ein kulturelles Phänomen sein, also etwas, das sich im Laufe der Zeit in einer Gesellschaft als Kleidungsstück durchgesetzt hat.

Kulturen verändern sich aber mit der Zeit. In etwas älteren Filmen sieht man oft Frauen, die eine Haube auf dem Kopf tragen oder ein kleines dreieckig gefaltetes Tuch. Diese Tradition hat sich heute in weiten Teilen von Europa gewandelt. Das Kopftuch wird immer mehr von anderen Kopfbedeckungen ersetzt, wie Hüte, Mützen, Kapuzen oder Baseball-Käppis. Das Bedecken des Kopfes mit einem Tuch ist aber weiterhin als modisches Zubehör sehr beliebt. Du kennst sicher beispielsweise Bandanas und Turbane. Die bekannteste Frau, die häufig ein Kopftuch trägt, ist Königin Elisabeth II. von England.

Religiöse Gründe

Schließlich gibt es auch religiöse Gründe für das Tragen von Kopftüchern. Diese religiösen Gründe können sehr vielfältig sein. Du kennst sicher Nonnen, die ihren Kopf bedecken. Sie gehören einer christlichen Ordensgemeinschaft an und haben religiöse Gründe für das Tragen ihrer speziellen Tracht, die *Habit* genannt wird.

Für Musliminnen, die ihren Kopf mit einem Tuch bedecken, gibt es verschiedene religiöse und kulturelle Begründungen, die man manchmal gar nicht so recht auseinanderhalten kann.

Für die Begründung des Kopftuchs verweisen viele Musliminnen und Muslime auf den Koran. Der Koran ist für Musliminnen und Muslime ein sehr wichtiges Buch. Es enthält nach ihrer Auffassung die Botschaft Gottes an die Menschen. Seine Botschaft teilte Gott im Laufe der Zeit bestimmten Personen mit, die er dafür ausgesucht hatte. Diese Menschen heißen Propheten und sollen Gottes Botschaft unter den Menschen verbreiten. So glauben Musliminnen und Muslime, dass Gott zum Beispiel Moses, Jesus und Muhammad seine Botschaft mitgeteilt hat. Die Botschaft, die er Muhammad mitgeteilt hat, wurde im Koran festgehalten.

An einer Stelle im Koran sagt Gott zu Muhammad, dass er zu den gläubigen Frauen sagen soll, dass sie sich ihren Schal über den Ausschnitt legen sollen, wo die Haut nicht bedeckt ist (wenn du das nachlesen möchtest, findest du es in Kapitel (Sure) 24 des Korans, in Vers 31).

Musliminnen und Muslimen verstehen diesen Satz unterschiedlich: Die einen sagen, dass der Schal, der für gewöhnlich auf den Schultern liegt, über den Kopf nach vorne gezogen werden soll und somit nicht nur den freien Hals- und Brustausschnitt bedecken soll, sondern auch den Kopf.

Die anderen sagen, dass dieser Schal einfach auf den Schultern liegend über den freien Hals- und Brustausschnitt gelegt werden soll.

Diejenigen, die meinen, dass der Schal den Kopf bedecken soll, beziehen sich auf das Vorbild von Muhammad und seinen Gefährtinnen und Gefährten. Die muslimischen Frauen sollten als gläubige Frauen erkannt werden und so geschützt sein. Denn im Koran heißt es auch, dass Muhammad den Frauen sagen soll, dass sie sich bedecken sollen, damit man sie erkennt und sie nicht belästigt (Kapitel (Sure) 33, Vers 59). Hier spielen also mehrere Dinge eine Rolle: Die Kleiderordnung von damals hat einerseits die Zugehörigkeit zu einer bestimmten Bevölkerungsgruppe deutlich gemacht, gleichzeitig aber auch die Zugehörigkeit zu einer bestimmten Religion. Außerdem hatte sie den Sinn, Frauen vor Belästigungen zu schützen.

Wie sieht es heute aus?

Jetzt wollen wir schauen, wie muslimische Frauen heute mit der Frage nach dem Kopftuch umgehen. Es gibt viele muslimische Frauen, die sagen, dass die Situation damals für diese Schutzmaßnahme entscheidend war, und die das Tragen des Kopftuchs heute nicht als ein religiöses Gebot ansehen. Sie betrachten das Kopftuch als eine Tradition, die in der damaligen Zeit sinnvoll war, heute aber keine Rolle mehr spielt.

Es gibt aber viele Frauen, die das Kopftuch auch heute tragen. Sie nennen dafür unterschiedliche Gründe:

- Manche Frauen sehen das Tragen des Kopftuchs für sich als religiöse Pflicht an und bedecken freiwillig ihren Kopf. Sie wollen damit ihre Verbundenheit mit Gott ausdrücken.
- Manche Frauen tragen das Kopftuch aus Gewohnheit.
- Manche Frauen tragen das Kopftuch aufgrund von Vorschriften oder Gesetzen, die in einigen muslimisch geprägten Ländern herrschen.
- Manche Frauen tragen das Kopftuch aufgrund von Erwartungen, manchmal auch aufgrund von Druck aus ihrem sozialen Umfeld, also ihrer Familie oder der kulturellen Gruppe, der sie angehören.

- Manche Frauen tragen das Kopftuch als Zeichen der Zugehörigkeit zu einer bestimmten Gruppe.
- Manche Frauen tragen das Kopftuch als modisches Zubehör.
- Manche Frauen tragen das Kopftuch aus Protest.
- Vielleicht gibt es noch weitere Gründe. Nur selten haben Frauen nur einen einzigen Grund, warum sie ihr Kopftuch tragen.

Verschiedene Formen

Die Form des Kopftuches hat sich mit der Zeit sehr gewandelt und ist von Ort zu Ort unterschiedlich. Es gibt mittlerweile unzählige Tutorials auf YouTube, die zeigen, wie man sich ein Kopftuch oder einen Turban zeitgemäß, stylisch, attraktiv und ausgefallen binden kann.

Es gibt aber auch noch Formen der Kopfbedeckung, bei denen Frauen nicht nur ihren Kopf bedecken, sondern auch ihr Gesicht verhüllen. Die eine Variante ist die *Burka*, bei der die Frau durch ein netzähnliches Stück Stoff sehen kann, das in die Gesichtsverhüllung eingearbeitet ist. Die zweite Variante ist der *Niqab*, bei dem die Frau durch einen schmalen Schlitz in der Gesichtsverhüllung sehen kann. Damit ist fast immer verbunden, dass auch der ganze Körper durch ein langes

Gewand verhüllt wird. Diese Formen haben in der Regel regionale und kulturelle Hintergründe. Sie werden von einigen Musliminnen und Muslimen auch religiös begründet, allerdings lehnt eine große Zahl von Musliminnen und Muslimen – auch solche, die das Kopftuch befürworten – Burka und Niqab ab.

Kopftuch oder kein Kopftuch?

Viele Menschen haben das Gefühl, dass das Kopftuch ein Zeichen für die Unterdrückung muslimischer Frauen ist. Einige fordern deshalb sogar, dass man das Kopftuch gesetzlich verbieten sollte, vor allem für jüngere Mädchen, beispielsweise in der Schule, aber auch für erwachsene Frauen, die beispielsweise als Lehrerin arbeiten.

Natürlich gibt es Mädchen und Frauen, die ein Kopftuch tragen, weil sie auf die Erwartungen ihrer Eltern, ihrer Familie und ihres kulturellen Umfelds reagieren, manche auch weil sie unter Druck gesetzt werden. Wenn ein Verbot des Kopftuchs angestrebt wird, stellt sich die schwierige Frage, wie man zwischen den vielen Gründen für das Tragen eines Kopftuchs unterscheiden soll. Kann man das Kopftuch einerseits einer Frau verbieten, die es aus religiösen Gründen freiwillig trägt? Und wie geht man andererseits mit Mädchen und Frauen um, die das Kopftuch tragen, weil sie Druck aus ihrem Umfeld spüren?

Letztlich lässt der Koran die Frage offen und es ist das Recht einer jeden Muslimin, das Tragen des Kopftuches für sich religiös zu begründen. Genauso ist es das Recht einer jeden Muslimin, für sich zu entscheiden, kein Kopftuch zu tragen und es nicht als religiöse Pflicht anzusehen. Aber eine generelle religiöse Verpflichtung oder ein generelles Verbot des Kopftuchs muss infrage gestellt werden.

ZUM WEITERDENKEN UND WEITERFRAGEN:

- Das Kopftuch wird nicht nur von Musliminnen und Muslimen gegensätzlich diskutiert, sondern auch von Nichtmusliminnen und Nichtmuslimen, im Fernsehen, im Internet und von Politikerinnen und Politikern. Hast du schon einmal erlebt, wie jemand etwas über das Kopftuch von Musliminnen gesagt hat?
- Ist das Kopftuch ein Zeichen für Unfreiheit, Unterdrückung, Rückständigkeit und Ausgrenzung oder ist es ein Zeichen für Religiosität, Selbstbestimmung und Freiheit? Was meinst du dazu?
- Schau dir mal ein Tutorial an, wie man ein Kopftuch binden kann. Das kann ziemlich interessant sein.
- Was sagst du zu jemandem, der meint, man solle Mädchen oder Frauen verbieten, ein Kopftuch zu tragen? Dürfte man bei einem Verbot die Kopfbedeckung dann nur den Musliminnen verbieten oder auch Nonnen und anderen, die ihren Kopf aus religiösen Gründen bedecken?

Andrea Liebers

Ist der Buddha eigentlich so etwas wie ein Gott?

Du kennst bestimmt verschiedene Religionen. Da gibt es das Christentum, das Judentum und den Islam, über die du in diesem Buch schon viel lesen konntest. Und wahrscheinlich hast du schon mal vom Buddhismus gehört. Vielleicht hast du schon Buddha-Statuen gesehen, die man auch in Deutschland mittlerweile häufig findet, und du kennst womöglich jemanden, der Yoga praktiziert. Wie gehört das eigentlich zusammen? Und ist der Buddha für die Buddhisten so etwas wie ein Gott?

Um das zu beantworten, will ich dir eine Geschichte erzählen.

Ein Prinz, der keiner sein wollte

Vor über 2500 Jahren lebte in Indien im Königreich Shakya ein Prinz, der Siddharta Gautama hieß. So, wie es üblich war, sollte er später König werden und über das Land herrschen. Doch dafür interessierte sich Prinz Siddharta nicht. Viel lieber dachte er über den Sinn des Lebens nach. Vor allem beschäftigte ihn die Frage nach der Wiedergeburt. Er glaubte fest daran, dass die Gestorbenen sogleich in einem neuen Körper wiedergeboren werden. Vor 2500 Jahren glaubten das in Indien alle. Die Wiedergeburt war für die Menschen so selbstverständlich, wie wir heute davon ausgehen, dass die Sonne, wenn sie am Abend untergeht, am Morgen wieder aufgehen wird. Prinz Siddharta beschäftigte, ob es möglich sei, aus diesem ewigen Kreislauf »Tod – neues Leben – Tod – neues Leben – Tod – …« auszubrechen und ihn ein für alle Mal zu beenden. Er wollte herausfinden,

ob es möglich sei, nie mehr wiedergeboren zu werden.

Mit dieser Frage war er zu der Zeit nicht alleine. Viele Menschen zerbrachen sich darüber den Kopf.

Mit 28 Jahren sollte Prinz Siddharta den Thron von seinem Vater erben. Doch er wollte nicht den Rest seines Lebens als König der Shakyer verbringen. Wichtiger war es ihm, eine Antwort auf die Frage zu finden, ob es ein Ende der Wiedergeburten geben könnte. Deshalb verließ er heimlich den Palast, legte seine königlichen Kleider ab und wanderte unerkannt durch das Land. Er wollte jemanden finden, der ihm eine Antwort auf seine Frage geben konnte.

Die Suche nach Erleuchtung

Es gab damals jede Menge Meditations-Schulen, Yoga-Zentren und Philosophische Akademien, die sich mit der Frage nach dem Sinn des Lebens auseinandersetzten. Jede Schule hatte eine eigene Methode, mit der man sich diesem Thema widmete.

Wer sich zum Beispiel für die Antworten interessierte, die die Philosophie des Yoga gab, suchte sich einen Yoga-Lehrer und übte so, wie der es einem sagte. Beim Yoga geht es nicht darum, möglichst komplizierte Körperübungen zu machen, vielmehr sind die Übungen nur ein Mittel zum Zweck. Sie dienen als Vorbereitung für die Meditation. Wenn die Methode einem zusagte, dann blieb man dabei. Wenn man aber den Eindruck hatte, dass es doch nicht das Passende war, dann suchte man sich einen anderen Yoga-Lehrer. Ständig gab es neue Angebote von Übungswegen und Lehrern, die Auswahl war riesig. Nicht nur bei den Yoga-Lehrern war das so, sondern auch bei denen, die den Weg der Meditation lehrten.

Die Menschen diskutierten darüber, welcher Weg der richtige ist. Sie fragten sich auch, was es ist, das von einem Leben zum anderen geht. Ist es die Seele? Oder das »Ich«? Ist es immer das gleiche »Ich-Gefühl«, das man hat, egal in welchem Körper man steckt? Hat jeder Mensch und jedes Tier eine »eigene« Seele oder haben alle teil an einer großen Weltseele?

Wenn ein bekannter Lehrer in eine Stadt kam, liefen die Leute sofort zusammen. Alle wollten hören, was er zu sagen hatte. Sobald sich eine neue Methode herumsprach, von der die Leute sagten, dass sie besonders schnell zur Erkenntnis führte, wollten sie sie sofort ausprobieren. Alle hatten ihre Augen und Ohren aufgesperrt, niemand wollte eine neue Methode verpassen.

Fanden sich genug Interessenten, gründeten die Lehrer eigene Übungszentren, an denen man ihre Methoden lernen konnte. Zu den Vorträgen gingen aber nicht nur Schüler, sondern auch andere Lehrer. Und die brachten ihre eigenen Schüler mit. Alle stellten Fragen und lauschten den Antworten. Wenn ein Lehrer von dem, was der andere sagte, überzeugt war, dann wurde er Schüler eben dieses Lehrers und seine eigene Schülerschar ebenfalls. Auf diese Art und Weise wuchs die Zahl der Schüler bei den überzeugenden Lehrern immer weiter an.

Von Siddharta wissen wir, dass er einige Lehrer hatte, die verschiedene Atemmethoden lehrten. Da er aber mit den Ergebnissen nicht zufrieden war, verließ er sie wieder. Sie hatten ihm zwar beigebracht, sich so tief in sich selbst zu versenken, dass er einen tiefen inneren Frieden fand. Doch so schön dieser Zustand auch war, Siddharta genügte er nicht, denn die Antwort auf die Frage nach dem Ende der Wiedergeburten hatte er dabei nicht gefunden.

Daraufhin folgte Siddharta Gautama einige Jahre lang einer sehr strengen philosophischen Richtung, bei der Askese eine wichtige Rolle spielte. Askese bedeutet, seinen Körper durch Fasten und Schlafentzug an die Grenzen zu führen, um dadurch zu einer geistigen Erkenntnis zu kommen. Doch auch diese führte ihn nicht zu dem erhofften Ergebnis.

Wie Siddharta selbst zum Lehrer wurde

Schließlich hatte Siddharta viele Methoden und Richtungen ausprobiert, ohne dabei wirklich weitergekommen zu sein. Deshalb beschloss er, es nun auf seine eigene Art zu versuchen. Er setzte sich unter einen Baum, um so zu meditieren, wie er es für richtig hielt, und er versprach sich selbst, nicht eher wieder aufzustehen, bis er den Weg aus dem Kreislauf der Wiedergeburten gefunden hatte.

Es wird berichtet, dass er mit seiner Methode erfolgreich war und die Antwort, die er suchte, fand: Sein Weg führte ihn tatsächlich aus dem Immer-wieder-geboren-werden-Müssen heraus. Deshalb wird er auch der Buddha, der Befreite, genannt. Und so ist es auch nicht überraschend, dass sich sein Erfolg schnell herumsprach und ihm viele Schüler folgten. Die Menschen nannten ihn jetzt Buddha Shakyamuni, weil er ein Erleuchteter war und einen neuen Weg der Befreiung lehrte.

Einer seiner wichtigsten Schüler war der Brahmane Sariputra, der zur obersten Priesterklasse gehörte. Die Brahmanen waren damals sehr einflussreich. Ihrer Lehre zufolge war es der oberste Gott Brahma, der die Welt erschaffen hatte und der jetzt von Priestern durch Opfergaben und Gottesdienste freundlich gestimmt werden musste. Nur die sogenannten Brahmanen durften Priester sein. Trotz dieses doch sehr guten gesellschaftlichen Standes zweifelte Sariputra daran, ob die vielen Feiern und Opfergaben, die er zu Ehren des Gottes Brahma darbrachte, ihn wirklich zu vertiefter Erkenntnis führen würden. Er vertraute seine Zweifel seinem besten Freund Moggalana an, der ebenfalls Brahmane war und dem es genauso ging. Als die beiden von dem neuen Lehrer Buddha Shakyamuni hörten, beschlossen sie, sich einmal anzuhören, was er zu sagen hatte. Seine Worte durchfuhren sie wie ein Blitz und sie wussten sofort, dass sie jetzt den für sie richtigen Lehrer gefunden hatten, und sie blieben bis zum Ende ihres Lebens bei ihm.

Dass zwei Brahmanen ihre hohe gesellschaftliche Position aufgaben, um Schüler dieses neuen Lehrers zu sein, sprach sich natürlich schnell herum. Viele wollten diesen neuen Lehrer sehen, der ehemalige Brahmanen als Schüler hatte. Die Zahl seiner Anhänger nahm in kurzer Zeit stark zu. Das lag nicht zuletzt auch an Buddhas vielen fähigen Schülern. Von 90 kennen wir sogar heute noch die Namen. Viele waren aus der gehobenen Gesellschaftsschicht, einige von ihnen schenkten ihm Land, auf dem er Klöster und Meditationsorte errichten konnte.

45 Jahre lehrte Buddha Shakyamuni überall in Indien. Als er achtzig Jahre alt war, wusste er, dass er nun nicht mehr lange leben würde. Er rief seine Schüler zusammen und fragte sie, ob es noch etwas gibt, was sie aus seiner Lehre nicht verstanden hatten und was er jetzt noch erklären könnte. Doch niemand stellte eine Frage. Dann drängte sich ein sehr gelehrter Mann, der Subhadda hieß, vor. Er sagte: »Verehrter Meister, vielen Dank, dass Ihr mir die Gelegenheit gebt, Euch eine für mich sehr wichtige Frage zu stellen: Bitte sagt mir, welche anderen Lehrer haben ebenfalls die Wahrheit erkannt?«

»Subhadda«, antwortete der Buddha, »es nützt dir nichts, wenn ich anfange, Namen aufzuzählen. Deshalb will ich dir ganz allgemein antworten: Nur die Lehre führt zur Befreiung, in der es um folgende zwei

Dinge geht: erstens die Erkenntnis, dass ›Haben-Wollen‹ zu nichts führt, und zum ›Haben-Wollen‹ gehört auch die Rechthaberei. Zweitens muss in einer solchen Lehre Folgendes unbedingt im Mittelpunkt stehen: Gutes tun, Meditationen, bei denen man lernt, den Geist gesammelt zu halten, und Anweisungen, wie das Leben und die Welt als Traum zu erkennen ist.«

Der Buddha ist also kein Gott, sondern ein Lehrer!

Das, was der Buddha dem gelehrten Subhadda antwortete, gilt bis heute: Der Buddhismus nimmt nicht in Anspruch, die einzige Lehre zu sein, die die Wahrheit über den Sinn des Lebens weiß oder die als einzige Religion die Befreiung verkünden würde. Es wird gesagt, dass Buddha nur den Weg lehrte, den er selbst gegangen war und der ihn zur Befreiung geführt hatte. Und diese Erfahrungen teilte er mit anderen. Das Wichtigste war für ihn, dass jeder es selbst ausprobiert. Wenn dieser Weg zu ihm oder ihr passt, wunderbar, wenn nicht, gibt es andere Wege, die besser für ihn oder sie sind. Schließlich sind nicht alle Menschen gleich. Der Buddha würde sagen, dass auch die Religion, die man in früheren Leben ausgeübt

hat und an welchen Gott, welche Götter man glaubte oder welche Weltanschauung man hatte, starke Prägungen hinterlässt. Buddhisten nennen das Karma. Aber das ist ein anderes Thema!

ZUM WEITERDENKEN UND WEITERFRAGEN:

- Wärst du gerne ein Schüler Buddhas gewesen? Schreibe auf, welche Gründe für dich dafür oder dagegen sprechen.
- Richtige Meditation ist gar nicht so einfach, die eigenen Gedanken lenken einen immer ab. Vielleicht möchtest du es ja trotzdem einmal ausprobieren? Frag einen Erwachsenen, wie das gehen könnte und ob ihr es zusammen versuchen könnt.
- Hast du dich auch schon einmal gefragt, was die »Seele« ist? Kannst du dir vorstellen, was die Menschen meinten, wenn sie sich fragten, ob wir alle teil an einer universalen »Weltseele« haben?

Friedrich Schweitzer

Warum gibt es so viele Gruppen im Christentum und in den anderen Religionen?

In den Beiträgen dieses Buchs erfährst du viel über die verschiedenen Religionen auf dieser Welt und darüber, worin sie sich ähneln und unterscheiden. Es gibt aber nicht nur unterschiedliche Religionen, sondern innerhalb der einzelnen Religionen auch noch verschiedene Gruppen! Ganz schön kompliziert. Vor einiger Zeit habe ich mit einem Kind über genau dieses Thema gesprochen. Dieses Kind konnte prima Fragen stellen! Das hat mich sehr beeindruckt. Ich schreibe dir das Gespräch aus der Erinnerung auf – vielleicht interessieren die Fragen dieses Kindes und unsere Überlegungen dazu ja auch dich.

Warum glauben nicht einfach alle gemeinsam an Gott?

Warum interessiert dich das eigentlich, warum es so viele Gruppen im Christentum gibt? Stört dich das?

Naja, bei uns in der Klasse gibt es katholische und evangelische Kinder. Und die Kinder gehen beim Religionsunterricht in verschiedene Gruppen. Ein paar Kinder gehören auch zur orthodoxen Kirche, andere sind vielleicht Muslime oder sonst etwas. Manche sind auch gar nichts. Warum können nicht einfach alle gemeinsam an Gott glauben und in Reli zusammenbleiben?

Du findest es also nicht so gut, dass es so viele Gruppen gibt?

Manchmal finde ich das schon gut, weil ich dann weiß, zu welcher Gruppe ich gehöre. Und meine Eltern sagen, dass man dann auch mehr Auswahlmöglichkeiten hat und sich für das entscheiden kann, was einem am besten gefällt.

Manchmal gibt es aber auch Streit. Sogar bei uns zu Hause. Dann schimpft mein Vater mit meiner Mutter: »Ihr Katholiken immer mit eurem Papst! Ich brauche doch keinen solchen Oberhäuptling, der mir befiehlt, was ich glauben soll!« Und meine Mutter antwortet dann auch ziemlich laut: »Bei euch Protestanten ist das ja auch nicht besser! Euern blöden Luther haltet ihr wohl für perfekt!«

Tja, jetzt verstehe ich, was du meinst. Es soll keinen Streit geben. Und ich sehe schon: Da müssen wir genauer nachfragen. Lass mich mal nachdenken.

Du gehst ja in deine Schulklasse, du gehörst also zu dieser Klasse. Zugleich hast du wahrscheinlich aber auch besondere Freunde, mit denen du gerne etwas zusammen machst. Diese Freunde sind dir vielleicht sogar wichtiger als die anderen Kinder in der Klasse.

Das ist nämlich häufig so. Menschen, die sich gut miteinander verstehen, gehören zu einer Gruppe, und andere gehören zu einer anderen Gruppe.

Und warum ist das so?

Das kannst du eigentlich auch selber erklären. Du bist doch mit deinen Freundinnen deshalb so gerne zusammen, weil ihr so toll miteinander spielen oder etwas unternehmen könnt. Das klappt aber nur, wenn die Kinder in einer Gruppe ähnliche Vorlieben und Interessen haben, beispielsweise Fußball oder Sportgymnastik, Computerspiele oder Filme. Wenn jeder immer etwas anderes machen will, klappt es nicht zwischen den Freunden. Dann ist die Freundschaft bald vorbei.

Ja, das habe ich auch schon einmal erlebt.

Damit eine Gruppe von Freunden zusammenbleibt, braucht es aber noch mehr. Man muss sich auch gut miteinander verstehen, damit es keinen Streit gibt. Man muss einander vertrauen können – dass die anderen nicht petzen oder Geheimnisse verraten.

Das kann ich schon verstehen. Mit meinen Freunden bin ich gerne zusammen, manche andere in meiner Klasse finde ich wirklich nicht so nett. Mit denen kann ich nicht so viel anfangen. Aber was hat das mit Evangelisch und Katholisch zu tun? Ich kann doch genauso gut mit evangelischen wie mit katholischen Kindern spielen!

Alles begann mit einem Streit

Auch viele Erwachsene denken heute, dass es besser wäre, wenn es nur eine christliche Kirche für alle geben würde. Dafür gibt es sogar ein besonderes Wort: »ökumenisch« oder »Ökumene«, ein Fremdwort, das man mit »Gemeinschaft« übersetzen kann. Dabei sollen die verschiedenen Christen lernen, sich mehr als eine große gemeinsame Gruppe zu sehen. Vielleicht gibt es ja tatsächlich einmal nur noch eine christliche Kirche für alle.

Aber so einfach ist das leider nicht. Die Menschen in den verschiedenen Gruppen oder Kirchen müssten sich da zuerst einigen, wie eine gemeinsame Kirche für alle genau aussehen soll. Und wer darf dann bestimmen, was gemacht wird? Solange es verschiedene Gruppen oder

Kirchen gibt, geht das viel leichter. Jede Gruppe kann tun, was sie für richtig hält.

Weißt du eigentlich, wie das angefangen hat, mit Evangelisch und Katholisch?

Nein, so genau weiß ich das nicht.

Dann will ich es dir erzählen.

Es ist jetzt schon sehr lange her, viele Hundert Jahre. Es war nämlich in der Zeit, als es noch Ritter gab. Damals kam es zu einem großen Streit in der Kirche. Der Papst in Rom und Martin Luther, ein Mönch in Deutschland, standen im Mittelpunkt des Streits. Luther sagte, dass sich die Kirche ändern muss, damit sie den Willen Gottes besser erfüllen kann. Die Kirche sollte sich an Jesus und an der Bibel ausrichten, und einen Papst brauche man dazu eigentlich nicht. Schließlich könne jeder selber die Bibel lesen.

Dem Papst in Rom hat das natürlich gar nicht gefallen. Schließlich war er das Oberhaupt der Kirche, und so ein kleiner Mönch durfte ihm eigentlich nicht widersprechen. Das konnte er sich nicht so einfach gefallen lassen. Und eine Kirche ohne Papst konnte er sich schon gar nicht vorstellen. Da würden ja bloß alle auseinanderlaufen.

Der Streit wurde immer heftiger. Es gab sogar einen Krieg, bei dem viele Menschen ums Leben kamen, aber weder der Papst noch Luther wollten am Ende nachgeben. Sie waren aber nicht einfach bloß stur, sondern beide waren fest davon überzeugt, dass sie das Richtige tun und glauben. Deshalb wollten sie nicht einfach nachgeben. Beide beriefen sich auf die Bibel und auf Jesus, aber sie waren trotzdem verschiedener Meinung.

Manche Menschen in der Kirche fanden dann, dass der Papst recht hat. Andere fanden besser, was Luther sagte. Der Streit ging immer weiter, und die Menschen wollten nicht mehr zusammen in einer Gruppe bleiben. Inzwischen stritten auch Fürsten und andere Mächtige mit. Und so kam es zu den beiden großen Gruppen, der katholischen Kirche und der evangelischen Kirche, wie es sie bis heute gibt. Denn die Meinungsverschiedenheiten sind auch jetzt nicht ausgeräumt. Das kann man beispielsweise daran sehen, dass evangelische Christen nicht an der katholischen Eucharistie teilnehmen dürfen.

Aber das ist doch eigentlich schade. Wenn alle Katholischen und Evangelischen Christen sein wollen, dann können sie doch auch gemeinsam in die Kirche gehen.

Da hast du schon ganz recht. Deshalb setzen sich heute in den Kirchen auch viele dafür ein, dass der alte Streit zwischen Evangelisch und Katholisch endlich überwunden wird. Aber das geht nur langsam voran.

Verschiedene Gruppen gibt es auch in anderen Religionen

Neulich habe ich im Fernsehen gesehen, dass es auch im Islam verschiedene Gruppen gibt.

Ja, das stimmt. Und auch bei den Muslimen sind solche Gruppen häufig aus Meinungsverschiedenheiten entstanden. Auch hier ging es darum, wie Muslime richtig leben und glauben sollten.

Ähnlich war es auch im Judentum und in anderen Religionen. Immer wieder waren Menschen in diesen Religionen unterschiedlicher Meinung. Die einen hielten dies für richtig, die anderen etwas anderes. Wie soll der Gottesdienst aussehen? Was will Gott wirklich von den Menschen? Weil darauf so unterschiedliche Antworten möglich sind und oft gleichzeitig um politische Macht gestritten wird, gibt es verschiedene Religionen wie das Christentum und den Islam, aber eben auch die vielen verschiedenen Gruppen in den anderen Religionen. Ursache sind Meinungsverschiedenheiten, und daraus entsteht leicht ein Streit, der oft auch mit politischen Machtkämpfen zu tun hat.

Dann finde ich es aber eigentlich doch nicht gut, dass es so viele Gruppen gibt. Man soll sich doch nicht streiten!

Das stimmt. Menschen sollen nicht miteinander streiten und vor allem auch keine Kriege anfangen. Deshalb ist es gut, wenn wir immer wieder fragen, wie die Menschen friedlich zusammenleben können, im Christentum oder im Islam.

Die verschiedenen Gruppen haben aber auch einen Vorteil. Das meinen wohl auch deine Eltern, wenn sie sagen, es sei doch besser, wenn man zwischen verschiedenen Gruppen wählen kann. Das ist dann ganz ähnlich wie bei deinen Freunden. Wenn es verschiedene Gruppen gibt, kann man sich für die Gruppe entscheiden, die man selbst am besten findet.

Das verstehe ich nicht. Soll ich dann ständig rumlaufen und gucken, welche Gruppe im Christentum oder in einer anderen Religion mir am besten gefällt? Das wäre doch auch blöd.

Das wäre tatsächlich nicht sinnvoll. Denn dann gehört man ja auch nirgends so richtig dazu. In einer Gruppe fühlt man sich aber nur wohl, wenn man wirklich dazugehört. Das ist bei Freunden nicht anders als bei den Gruppen im Christentum oder in anderen Religionen. Deshalb bleiben die meisten Menschen ja auch bei der Gruppe, zu der sie gehören. Sie finden ihre eigene Gruppe gut und sind zufrieden.

Und wenn Menschen in einer Familie nicht derselben Gruppe angehören? So wie zum Beispiel meine Mutter und mein Vater?

Das kommt heute sehr häufig vor und ist natürlich auch nicht schlimm. Die Eltern müssen dann herausfinden, wie sie es am besten machen. Vielleicht gehen sie mal in einen evangelischen Gottesdienst und dann in einen katholischen Gottesdienst. Streiten muss man sich da eigentlich nicht. Du weißt aber auch von dir selbst, dass es immer wieder Streit geben kann. Sogar zwischen den besten Freunden. Am wichtigsten ist deshalb, dass man lernt, den Streit beizulegen und sich wieder miteinander zu vertragen.

Vielleicht schaffen das ja auch die Kirchen einmal. Bis dahin wird es aber im Christentum verschiedene Gruppen geben, und in anderen Religionen ist es ähnlich.

ZUM WEITERDENKEN UND WEITERFRAGEN:

- Wie findest du es, dass es so viele verschiedene Gruppen im Christentum gibt?
- Welche unterschiedlichen Gruppen kennst du im Islam?
- Was kann man dafür tun, dass es zwischen den verschiedenen Gruppen im Christentum und in anderen Religionen nicht zu Streit kommt?

Stefan Altmeyer

Warum sieht Beten so unterschiedlich aus?

Ganz sicher ist dir schon aufgefallen, dass es sehr viele Arten gibt, wie Menschen beten. Beten kann ganz unterschiedlich aussehen und sich auch sehr verschieden anhören. Du kannst völlig still beten, wie man das oft beim Meditieren macht, oder total laut mit vielen zusammen. Du kannst allein beten, zusammen mit deinen Eltern oder anderen Kindern, drinnen in einer Kirche oder Moschee oder draußen in der Natur, vor dem Einschlafen oder einfach zwischendurch. Beten geht im Stehen, Sitzen, Knien, Gehen oder sogar im Liegen. Wie andere Menschen beten, kann dir sehr vertraut vorkommen, manchmal aber auch ziemlich fremd und beim nächsten Mal gleich beides zusammen: fremd und vertraut zugleich.

Vor einer Weile habe ich ein besonderes Gebet erlebt. Zum ersten Mal in meinem Leben bin ich auf die andere Seite der Erde nach Australien gereist und durfte an einer kleinen Zeremonie teilnehmen. Sie wurde nach dem Brauch der *Wurundjeri* gefeiert, um uns in ihrem Land willkommen zu heißen. Die *Wurundjeri* sind ein Stamm der Urbevölkerung Australiens. Sie bewohnten das Land schon lange bevor die ersten Siedler aus Europa dorthin kamen. Während der Feier saßen wir im Kreis auf dem Boden, in der Mitte wurde in einer Schale aus Baumrinde ein kleines Feuer angezündet, in das wir reihum Zweige einheimischer Pflanzen legten. Dichter, grauer Rauch stieg zum Himmel auf, und ein Mann sprach: »Danke für die Erde, die alle trägt – Einheimische genauso wie Besucher. Danke für Pflanzen und Tiere, die zusammen mit uns von diesem Land leben. Danke für das Wasser, das alle gemeinsam zum Leben brauchen.« Zum Abschluss wurde die rauchende Schale im Kreis um unsere Gruppe getragen, damit wir alle den Rauch in uns aufnehmen und zu einer guten Gemeinschaft werden können: Wir sollten untereinander verbunden sein und verbunden mit der Erde, die wir gemeinsam bewohnen. Ich hatte noch nie eine solche Feier erlebt und war doch tief berührt. Es war mir ziemlich fremd und kam mir doch ganz nah. Ich musste an den Weihrauch denken, den wir in der Kirche zu besonderen Anlässen anzünden. Vielleicht werden wir dann ja auch auf besondere Weise von Gott willkommen geheißen? Vielleicht können wir auch dort die Verbundenheit miteinander spüren sowie mit allem, was lebt?

Wie betet man in deiner Stadt, in deinem Dorf?

Glücklicherweise musst du nicht ans andere Ende der Welt reisen, um zu erleben, wie viele unterschiedliche Formen des Betens es gibt. Da reicht es schon, in deiner unmittelbaren Nähe zu schauen. Ich zum Beispiel habe ganz in meiner Nähe einen jüdischen Friedhof. Früher gab es auch eine Synagoge in meinem Dorf. Das war ein kleines Haus, wo sich die jüdischen Menschen zum Beten trafen, bis ihre damaligen Mitbürger sie vertrieben und die Synagoge zerstört haben. Heute gibt es hier keine jüdische Gemeinde mehr, deren Gebete man hören könnte. Aber manchmal liegen auf den alten Grabsteinen kleine Steine, die Besucher hier abgelegt haben.

Das ist ihr unhörbares Gebet, das sich doch ganz laut anfühlt. Wenn ich die stummen Steine sehe, höre ich eine mahnende Stimme, die mich an das erinnert, was in unserem Land und in unserer Nachbarschaft vor 80 Jahren geschehen ist und nie wieder geschehen darf.

Wenn ich in die Stadt fahre, sehe ich häufig muslimische Menschen, die auf Arabisch beten, einer Sprache, von der ich kein Wort verstehe. Gott heißt in dieser Sprache Allah, aber er hat zugleich viele weitere Namen, mit denen er im Gebet angesprochen werden kann: Gott heißt der Menschenfreund, der Retter oder der Beschützer. Das sind Namen, die für mich sehr vertraut klingen, obwohl sie mir auf Arabisch völlig fremd sind. Aber Gott kann noch auf viele weitere und auch auf ganz persönli-

che Weisen angesprochen werden. Das fällt mir übrigens auch auf, wenn ich in die christlichen Gemeinden in meiner Nähe schaue: Als Christinnen und Christen sind wir uns doch eigentlich alle sehr nahe, aber die Formen des Gebetes können ganz unterschiedlich und mir auch teilweise recht fremd sein. Beten erlebe ich als vorgegebene Formel in der Kirche und als freies Sprechen mit Gott am Abend zu Hause. Beten kann ich, indem ich die Augen schließe und ganz still werde oder durch lautes Singen. Zum Beten kann ich einen Rosenkranz in die Hand nehmen oder ein Gebetbuch. Beten gibt es bei uns »auf Evangelisch« wie »auf Katholisch« – das unterscheidet sich zum Beispiel darin, dass Katholiken am Anfang und Ende des Gebets mit der rechten Hand ein Kreuzzeichen auf ihrem Körper zeichnen. Seit viele Menschen als Flüchtlinge zu uns gekommen sind, sehe ich auch immer deutlicher, dass sie nicht nur ihre eigene Sprache und ihre Kultur mitgebracht haben, sondern auch ihre Art und Weise zu beten.

So unterschiedlich wie die Menschen sind ihre Gebete

Wäre es bei all den Unterschieden nicht einfacher, wenn alle Menschen gleich beten könnten? Warum sieht Beten eigentlich so unterschiedlich aus? Ich merke, dass diese Frage für mich immer interessanter wird, je mehr Menschen ich mit ihrer Weise zu beten kennenlerne. Es ist ja so, dass zwar sehr viele, aber doch lange nicht alle Menschen überhaupt beten. Wenn aber ein Mensch betet, dann scheint es so zu sein, dass dies ganz eng mit ihm oder ihr selber verbunden ist. Egal ob jemand regelmäßig oder nur ab und zu betet, dieses Beten drückt immer auch aus, wo dieser Mensch herkommt, zu wem sie oder er gehört und was ihm oder ihr wirklich wichtig ist. Am ehesten ist das Beten daher für mich vergleichbar mit meiner Sprache. Lass mich dir noch ein bisschen genauer erklären, was ich damit meine.

Wenn ich über meine Sprache nachdenke, dann denke ich über mich nach. Denn meine Sprache ist ganz eng mit mir verbunden. Meine Sprache zeigt mir, wo ich herkomme: Ich bin in Deutschland in einer deutschen Familie aufgewachsen und habe daher von Kind an und ganz selbstverständlich Deutsch gesprochen. Erst als ich später mit Menschen aus anderen Regionen in Kontakt gekommen bin, wurde mir häufig gesagt: »Man hört, wo du herkommst!« Auch wenn von 30 Leuten in einem Raum alle Deutsch sprechen, kann sich das doch ganz unterschiedlich anhören, je nachdem, in welchem Teil von Deutschland sie sprechen gelernt haben oder leben. Wir können uns verstehen, meistens jedenfalls, denn wir sprechen alle Deutsch. Doch jeder hat seinen eigenen Klang, seine eigenen Wörter und seine eigene Melodie. Wir haben also ganz viel gemeinsam und sind doch alle genauso einzigartig. Ich glaube, beim Beten ist es genauso. Denn auch beim Beten ist es besonders wichtig, dass jeder eine eigene Sprache entwickelt: einzigartig und unverwechselbar.

Noch ein zweiter Gedanke ist mir wichtig, wenn ich über meine Sprache nachdenke. Neben meiner Muttersprache Deutsch habe ich in der Schule bald begonnen, andere, fremde Sprachen zu lernen. Du hast ja vielleicht auch schon damit angefangen! Vielleicht hast du in Frankreich schon mal »cinque croissants« bestellt oder auf Englisch jemandem nach dem Namen gefragt? Dann ahnst du bestimmt, dass es eine tolle Erfahrung ist, wenn du mit diesen Sprachen auch in andere Länder reisen und mit den Menschen dort sprechen kannst. Doch selbst, wenn du die Sprache ganz gut beherrschst, merkt man dir an, dass du eine Fremdsprache sprichst. »Hey, du kommst doch aus Deutschland, oder?«, hat neulich ein Australier zu mir schon nach nur drei Sätzen gesagt: »Ich hab's gleich an deinem Akzent erkannt.« Meine Sprache verrät, zu wem ich gehöre – genauso beim Beten! Es ist ein großes Geschenk, dass du ganz viele fremde Arten des Betens wie fremde Sprachen kennenlernen kannst, aber vielleicht bleibt dir doch eine stets besonders nahe und vertraut, weil du in ihr zu Hause bist. Diese Sprache ist dir so vertraut, dass du vielleicht sogar nur damit die Dinge sagen kannst, die dir wirklich wichtig sind.

Wenn ich so über meine Sprache nachdenke, die Sprache anderer Menschen und wie das alles mit dem Beten zusammenhängt, wird mir deutlich: Ist es nicht schön, dass Menschen auf so viele unterschiedliche Weisen beten können? Ganz genauso wie es viele verschiedene Sprachen, noch mehr unterschiedliche Dialekte und noch viel mehr unverwechselbare Menschen gibt? Es kommt mir wie ein ganz besonderes Geschenk vor, dass ich zu Gott in meiner eigenen Sprache sprechen kann. Und so wie ich kann es jede und jeder Einzelne – und natürlich auch du. Probier's doch einmal aus, zu Gott in einer, nur dir allein bekannten Sprache zu sprechen!

Auch wenn wir verschieden sind, sind wir verbunden

Aber natürlich ist es wichtig, dass wir nicht nur alleine beten, sondern auch gemeinsam beten können. Dafür haben wir dann die vielen alten und auch manche neuen gemeinsamen Gebete. Damit können wir in der Familie, im Gottesdienst oder in der Schule beten. Das Vaterunser haben wir als Christinnen und Christen alle gemeinsam, auch wenn es in alle Sprachen der Welt übersetzt ist. Außerdem gibt es ganz viele Lieder, die wir gemeinsam singen können. Auch in der Familie haben viele ein schönes Gebet, das sie vor dem Essen beten können. So können wir also nicht nur ganz für uns und auf unverwechselbare Weise, sondern auch als Gemeinschaft beten. Wäre es da nicht sogar am schönsten, wenn alle Menschen auch zusammen beten könnten, gerade so, als würden alle Menschen eine einzige Sprache sprechen? Das wäre ja sehr viel einfacher; niemand müsste eine Fremdsprache lernen! Doch vielleicht würden wir dann auch sehr bald die bunte Vielfalt der vielen verschiedenen Gebete vermissen. Und ganz sicher gäbe es Dinge, die du in dieser »Sprache für alle« nicht so gut sagen könntest wie in deiner Muttersprache, oder weniger klar oder einfach nicht so schön. Wenn ich das ernst nehme, wird mir klar: Genau wie ich auf ganz unverwechselbare und persönliche Weise bete – ob nun alleine oder in Gemeinschaft, genauso tun das ja die anderen auch. Vielleicht könnten wir sogar spüren, dass wir auf tiefe Weise miteinander verbunden sind, selbst wenn wir ganz verschieden sind.

ZUM WEITERDENKEN UND WEITERFRAGEN:

- Wie wäre es, mal ganz anders zu beten: in einer eigenen Sprache, im Gehen, draußen …?
- Welche schönen Namen fallen dir ein, mit denen du Gott ansprechen möchtest?
- Kennst du jemanden, den du mal fragen möchtest, wie er oder sie am liebsten betet?
- Möchtest du mal das Vaterunser in einer anderen Sprache hören? Dann frag doch mal bei deinen Freundinnen und Freunden nach oder suche auf YouTube.

Rainer Oberthür

Bringen die Religionen das Gute in die Welt?

Was für eine spannende und wichtige Frage! Jeder Mensch, der aufrichtig von Herzen glaubt, sagt natürlich sofort »Ja«. Alle großen Religionen stellen die Liebe, den Frieden und das Gute in den Mittelpunkt ihrer Botschaft. Wem sonst sollte es gelingen, Gutes in die Welt zu bringen, wenn es die Glaubenden der Religionen nicht schaffen?

Doch leider ist die Antwort nicht so einfach. Immer wieder hören, sehen und erfahren wir, wie früher und jetzt in Gottes Namen Fürchterliches passiert ist und immer wieder geschieht. Da ist der fanatische, religiös verwirrte Selbstmordattentäter, der unschuldige Menschen aus vielen Ländern der Welt mit in den Tod reißt und auch noch meint, dafür von Gott als Held belohnt zu werden. Da wurden und werden glaubende und nichtglaubende Menschen mit Gewalt dazu gebracht, einen bestimmten, anderen Glauben zu übernehmen. Da gab und gibt es Priester, die ihre Stellung und Macht missbrauchen und andere Menschen, ja sogar Kinder zwingen, etwas zu tun, was sie niemals freiwillig tun würden.

Wenn aus einer menschenfreundlichen Botschaft das Gegenteil wird

Wir müssen also genauer hinschauen, wie die Botschaft der Religionen und das tatsächliche Handeln der Menschen zusammenpassen. Wir dürfen die Augen nicht davor verschließen. In der Geschichte der Religionen wurde und wird immer wieder Menschen im Namen Gottes großes Leid zugefügt. Das ist unerträglich und gegen die Botschaft aller Religionen gerichtet. Dennoch müssen sich glaubende Menschen damit beschäftigen. Sie können nicht einfach sagen, damit nichts zu tun zu haben. Sie müssen verstehen, was bei einem solchen Missbrauch passiert. Sie sollten wissen, wie man sich dagegen schützen kann. Sie müssen mutig bekennen, was Gott wirklich von uns will!

Falsche religiöse Vorstellungen wirken sich nicht nur schrecklich auf das Zusammenleben ganzer Völker aus, sondern auch auf einzelne Menschen in ihrem persönlichen Leben. Früher wurde Kindern oft damit Angst gemacht, dass Gott alles sieht und kontrolliert, was die Menschen machen. Die Kinder und auch Gott wurden missbraucht, um die Menschen klein und brav zu halten. Das hat Gott sicher nicht gefallen und so ist es nicht gemeint. Gott sieht dich an und schaut auf dich, das soll heißen: Du bist Gott nicht egal, bist gefragt und einzigartig, bist Gott unendlich wichtig. Tief in der Seele ist Gott uns näher, als wir es uns selbst sein können. Das hat nichts mit Kontrolle zu tun, sondern nur mit Vertrauen und Liebe. Das Beispiel zeigt, dass aus einer menschenfreundlichen Botschaft schnell das Gegenteil werden kann. Das Schlimme ist: Wer mit einem kleinlichen Aufpasser-Gott groß wird, kann anfällig werden für eine falsche, menschenunwürdige Religion und später auch andere damit unterdrücken.

Gott will keinen Glauben, der klein macht

Es gibt also ganz zu Recht die Anfrage an alle Menschen, die einer Religion zugehören, ob Gott zu jeder Zeit eine Hilfe ist für ein sinnvolles, gesundes, glückliches und gelungenes Leben. Manche werfen der Religion vor, sie sei nicht wahr. Dann gilt der Glaube als falsch, ein Schleier, der die Wahrheit verdeckt. Das kann es tatsächlich geben, wenn alles Geglaubte nur wörtlich genommen, nicht hinterfragt und gedeutet wird. Wer wirklich tiefgläubig ist, hat nicht mehr Antworten, sondern mehr Fragen.

Andere werfen der Religion vor, sie mache krank. Dann gilt der Glaube als schädlich, ein Gift, das Leben behindert. Das kann es tatsächlich geben, doch auch das ist ein Missbrauch von Religion und Glaube. Ein wahrhaftiger Glaube kann den Menschen heilen und froh machen.

Gott schützt und verteidigt die Menschheit und die Menschlichkeit. Gott macht den Menschen nicht klein, sondern groß und selbstbewusst. Die großen Religionen heben hervor, dass der Mensch nach Gottes Abbild geschaffen und damit selber »heilig« ist. Er ist Gott ähnlich und weiß zugleich um seine Ohnmacht. Wie Gott ist der Mensch nicht ganz zu verstehen. Durch Gott hat der Mensch eine unendliche Würde und eine unsterbliche Seele.

Religion wird aber gefährlich, wenn sie *nur* von oben kommt oder *nur* unten auf der Erde wirkt, wenn Gott *nur* außen und fern der Welt oder *nur* ein schwärmerisches Gefühl im Innern ist. Tatsächlich ist Gott zugleich oben *und* unten, außen *und* innen, fern *und* nah. Das sollte immer deutlich werden, wenn wir von Gott reden. Richtig verstanden, geschieht das sowohl im Judentum als auch im Islam.

Im Christentum ist diese doppelte Botschaft besonders eindeutig und für mich ganz und gar glaubwürdig und überzeugend. Denn mit Jesus kommt der große Gott als hilfloser Mensch in die Welt, von oben nach unten, aus der Ferne uns ganz nah und wird einer von uns. Gott macht sich verwundbar als kleines Kind, bückt sich zu uns herunter, begegnet uns auf Augenhöhe und geht noch weiter. Jesus lebt seine Botschaft der Liebe so entschieden, dass er dafür am Kreuz stirbt, selbst zweifelt und sich von Gott verlassen fühlt? Das ist ungeheuerlich! Ein so menschlicher Gott, zu dem wir Du sagen dürfen, ist nah *und* fern, in mir *und* außerhalb von mir, mir näher als ich selbst *und* weiter als das All. Weil er sich klein macht, ist Gott der Größte. Gott herrscht nicht, sondern hilft!

Warum wir Religion brauchen

Wir brauchen die Religion, denn Gott ermöglicht uns Menschlichkeit. Durch Gott kommt die Idee in die Welt, dass die Kleinen, die Armen, die Unterdrückten, die Einsamen und die Leisen in die erste Reihe gehören, dass wir uns für die Ohnmächtigen stark machen, die Nächsten und sogar die Feinde lieben. Religion und Glaube machen nicht blind, sondern lassen uns mehr sehen, so wie die Liebe hilft, das Wesen eines Menschen wirklich zu erkennen. Es ist wie der Unterschied von Fläche und Raum, von Schwarzweiß und Farbe. Religion und Glaube können die Welt für uns weit offen und farbig bunt werden lassen.

Die Religionen müssen sich selbst jedoch kritisch beobachten. Weil sie mit tiefen Gefühlen zu tun haben, können sie leicht missbraucht werden. Schon in der Bibel ist immer die Gefahr selbst gemachter Götter im Blick. Da heißt es: Du sollst dir kein Bildnis machen und es als Gott verehren. Da wird erzählt, wie das Volk Israel dennoch ein goldenes Kalb herstellt und es als Gott verehrt. Gegen solche falschen Götzen haben schon Moses und andere Propheten im Namen Gottes protestiert. Auch Jesus warnt vor falschen Göttern, wenn er zum Beispiel sagt: Ihr könnt nicht zugleich Gott dienen und dem Geld. Gerade der Gott der Christen ist ein Gott ohne Macht, wie die Menschen sie verstehen, und deshalb ein Gott grenzenloser und bedingungsloser Liebe.

Vor Gott ist jeder einzigartig und gleichwertig. Kein Kaiser, König oder Kanzler ist mehr wert als die Geringsten unter uns. Jeder hat die gleiche Würde. Jedem Menschen – egal ob arm oder reich, egal aus welchem Land – spricht Gott zu: Ich habe dich bei deinem Namen gerufen, du gehörst zu mir und ich bin bei dir! Selbst in äußerster Leere, Not und Einsamkeit gilt Gottes Zuspruch: Ich werde dich nicht verlassen und niemals vergessen! Und dann kommt es auf uns Menschen an. Gott tut alles, aber auch der Mensch muss alles tun. Wer diese Botschaften ernst nimmt und tatsächlich lebt, der bringt im Namen der Religion und im Namen Gottes wirklich das Schöne, das Wahre und auch das Gute in die Welt!

ZUM WEITERDENKEN UND WEITERFRAGEN:

- Angenommen, es gäbe keine Religion. Niemand würde nach Gott fragen, keiner hätte Sehnsucht nach etwas, was größer ist als die Menschen. Alle meinen, wir werden geboren, sind kurz auf der Welt, sterben dann und damit ist alles aus. Was würde sich ändern auf der Welt und zwischen den Menschen?
- Stell dir vor, jemand meint: »Das Christentum hat so viel Unrecht, Krieg und Leid in die Welt gebracht. Ich kann nicht an Gott glauben.« Hat er recht? Was würdest du zur Verteidigung Gottes und des Glaubens an Gott sagen?
- Stell dir vor, du sollst eine Rede vor der ganzen Menschheit halten. Das Thema ist: »Warum die Menschheit die Religion und den Glauben an Gott unbedingt braucht!« Sammle alle guten Gründe, die für die Religionen und für den Glauben sprechen!

Sabine Pemsel-Maier

Sind Frauen und Mädchen in allen Religionen gleich wichtig?

Nicht nur die Hälfte der Menschheit sind Frauen oder Mädchen, sondern auch die Hälfte der Menschen, die einer Religion angehören. Wie die Männer glauben sie an Gott, gestalten ihre Beziehung zu ihm, feiern Gottesdienst, beten und tun in seinem Namen anderen Menschen Gutes. Darum erscheint dir die Frage, ob Frauen eigentlich in allen Religionen gleich wichtig sind, vielleicht merkwürdig. Und doch ist sie berechtigt. Denn wenn es darum geht, in den Religionen wichtige Entscheidungen zu treffen, dann sind es oft die Männer, die das Sagen haben. Oder wenn es darum geht, wer leiten darf, dann sind das häufig auch die Männer oder sogar nur Männer. Es gibt auch Religionen, in denen haben Frauen nicht die gleichen Rechte wie die Männer.

Wie findest du das? Und denk auch einmal darüber nach, ob es einen Unterschied macht, ob ein Junge oder ein Mädchen die Antwort gibt!

Nicht mit einem Satz zu beantworten

Die Bedeutung und Rechte von Frauen in den Religionen will ich an den drei Weltreligionen Judentum, Christentum und Islam deutlich machen. Ich nehme diese drei, weil sie besonders wichtig sind und auch, weil es sonst zu kompliziert wird bei den vielen Religionen, die es gibt. Und ich sage dir gleich: Es ist auch so schon ein bisschen kompliziert und nicht mit einem Satz zu beantworten. Denn nicht immer ist alles einheitlich in diesen Religionen. Manchmal gibt es in einer Religion eine Spaltung, und die einen sehen den Platz und die Rolle der Frauen anders als die anderen. Manchmal gibt es in einer Religion auch nur eine kleinere Gruppe, die sich von der Mehrheit unterscheidet. Du wirst gleich sehen, was ich meine.

Frauen und Mädchen im Christentum

Fangen wir an mit dem Christentum, der Religion, der die meisten Menschen in unserem Land angehören. Es betont, dass Gott Männer und Frauen gleich geschaffen hat und dass beide den gleichen Wert haben. So steht es im ersten Buch der Bibel mit dem Namen Genesis, und so hat es auch Jesus gesagt. Trotzdem galten in früheren Jahrhunderten Frauen gegenüber den Männern als minderwertig. Kannst du dir vorstellen, warum das so war? Manche hielten sie für weniger klug oder auch für weniger fromm. Kennst du Menschen, die immer noch so denken? Ich hoffe, das denkt heute keiner mehr. Frauen und Männer, Mädchen und Jungen gelten im Christentum als gleichberechtigt.

Dennoch können in der katholischen Kirche Frauen keine Priester werden, also keinen Gottesdienst und keine Gemeinde leiten. Du weißt vielleicht, dass es eine große Spaltung im Christentum gegeben hat. Darum gibt es heute mehrere christliche Kirchen, die katholische, die evangelische und noch weitere, von denen du wahrscheinlich noch nie gehört hast. (Wenn du mehr darüber wissen möchtest, kannst du das nachlesen in dem Kapitel: *Warum gibt es so viele Gruppen im Christentum und in den anderen Religionen?*) In der katholischen Kirche also können Frauen nicht Priester werden und erst recht nicht Bischöfe oder Papst – eigentlich müsste ich sagen: nicht Bischöfin und nicht Päpstin.

Begründet wird das damit, dass Jesus selbst ein Mann war, dass die zwölf Apostel Männer waren und dass Priester, seitdem es sie gibt, auch immer nur Männer waren. Leuchtet dir das ein? Nicht alle Christen finden diese Begründung überzeugend. Denn Frauen waren für Jesus sehr wichtig. Sie sind mit ihm durch das Land gezogen und haben seine frohe Botschaft verkündet und später auch Gemeinden geleitet.

Sind die Frauen in der katholischen Kirche also benachteiligt? Manche sagen Ja, andere sagen Nein, weil Frauen in der Kirche sonst alles tun können und auch vieles mit entscheiden können. Wie siehst denn du das? Die evangelische Kirche, die sich vor längerer Zeit abgespalten hat, hat das vor ungefähr vierzig Jahren geändert. Auch in der katholischen Kirche gibt es Frauen – und auch Männer –, die eine solche Änderung wollen und sich dafür einsetzen. Ich bin gespannt, ob es einmal dazu kommt.

Frauen und Mädchen im Judentum

Das Christentum hat seine Wurzeln im Judentum. Darum schauen wir als Nächstes, wie es sich dort verhält. Juden haben mit Christen das erste Buch der Bibel gemeinsam. Darum glauben sie ebenfalls, dass Gott Männer und Frauen gleich geschaffen hat. Besonders Mütter haben einen wichtigen Platz im Judentum. Denn das Kind einer jüdischen Mutter ist durch die Geburt immer jüdisch, egal, welchen Glauben der Vater hat. Mütter sind auch deswegen wichtig, weil sie die Familie zusammenhalten. Das heißt aber nicht, dass jüdische Frauen nur Hausfrauen sind.

Anders als im Christentum gibt es im Judentum keine Priester. Aber es gibt Rabbiner, die die heiligen Schriften auslegen, und es gibt in der Synagoge Vorleser aus der Thora, Vorbeter und Vorsänger. In großen Teilen des Judentums können das nur Männer sein. Meinst du, dass die Frauen deswegen benachteiligt sind? Auf jeden Fall sind sie wichtige Mitglieder der Gemeinde. Im Gottesdienst in der Synagoge sitzen die Frauen oft getrennt von den Männern, etwa oben auf einer Empore. Für Jungen wie für Mädchen gibt es eine große Feier, wenn sie in die Gemeinde aufgenommen werden. Sie heißt Bar Mizwa oder Bat Mizwa – jüdisch »bar« ist der Sohn, »bat« die Tochter. Dann dürfen die Mädchen wie die Jungen zum ersten Mal aus der Thora vorlesen.

Im Judentum gibt es verschiedene Gruppierungen, welche die Rolle von Frauen im Gottesdienst und in der Synagoge unterschiedlich bestimmen. Bei den besonders strengen Gruppen gibt es nicht überall eine eigene Bar-Mizwa-Feier für die Mädchen. Frauen sollen keine Hosen tragen. Und sie sollen ihre Haare bedecken, mit einem Tuch, einer Mütze oder einer Perücke – nicht nur, wenn sie in die Synagoge gehen, sondern möglichst auch sonst. Kannst du dir vorstellen, welchen Sinn diese Vorschrift hat? Suche zunächst selbst nach einer Antwort. Der nächste Abschnitt zum Islam verrät es dir dann.

Eine kleinere Gruppe unter den Juden und jüdischen Gemeinden versteht sich als besonders modern. Sie bezeichnen sich selbst als »liberal«, das heißt so viel wie »frei«. Dort sind die Frauen im Gottesdienst nicht von den Männern getrennt und können alles das tun, was auch die Männer tun: vorsingen, vorbeten, vorlesen, Rabbinerin werden.

Frauen und Mädchen im Islam

Schauen wir jetzt auf die dritte Religion, den Islam. Wenn du in eine Moschee gehst, würdest du dort auf jeden Fall viele Männer sehen. In manchen Moscheen beten die Frauen mit ihnen gemeinsam, in anderen von ihnen getrennt. Daran kannst du bereits erkennen, dass die Rolle der Frauen auch im Islam nicht einheitlich ist. Du würdest auch sehen, dass Frauen in der Moschee ihre Haare bedeckt haben.

Manche behaupten, dass man daran erkennen kann, dass Musliminnen – so nennt man die islamischen Frauen und Mädchen – unterdrückt und benachteiligt sind. Siehst du das auch so? In einigen Fällen stimmt das, aber in anderen Fällen stimmt es nicht. Das hängt ab vom Land, aus dem die Frauen kommen oder in dem sie aufwachsen, und es hängt ab von ihrer Familie. Die Situation von Musliminnen, die in Deutschland oder in Österreich leben oder dort geboren sind, ist anders als die von Musliminnen in der Türkei und erst recht anders als im fernen Saudi-Arabien. Dort dürfen Frauen erst seit Kurzem Auto fahren, vorher war das verboten. Schwer vorstellbar, oder?

Darum muss man genau hinschauen und unterscheiden. Es gibt im Islam Frauen und Mädchen, die sich ihren Ehemann nicht selbst aussuchen können, sondern von ihren Eltern verheiratet werden. Es gibt Frauen und Mädchen, die keine richtige Ausbildung machen und keinen

Beruf erlernen dürfen, weil ihre Familie meint, dass das nicht lohnt, weil sie ja sowieso heiraten und Kinder bekommen. Es gibt Frauen und Mädchen, die nur selten aus dem Haus gehen und wenn, dann nur in Begleitung ihres Mannes oder Vaters oder Bruders. Und es gibt Frauen und Mädchen, die gezwungen werden, ein Kopftuch zu tragen oder sich zu verschleiern, damit sie nicht die Männer verführen. Sie alle sind wirklich benachteiligt und unterdrückt. Es gibt aber auch viele andere Musliminnen, die eine Ausbildung machen, studieren, arbeiten, die sich mit ihren Freundinnen im Café treffen, auf Partys gehen und selbst entscheiden, wen sie heiraten oder ob sie ein Kopftuch tragen oder nicht. Überhaupt sagt das Kopftuch nichts darüber aus, ob eine Muslimin benachteiligt und unterdrückt ist oder nicht. Denn viele Frauen tragen es freiwillig und wollen damit zeigen, welcher Religion sie angehören. (Über dieses Thema kannst du im Kapitel *Warum tragen manche Musliminnen ein Kopftuch?* noch mehr erfahren.)

Nicht vergessen: Frauen und Mädchen zuhören und sie ernst nehmen

Verstehst du jetzt, warum ich am Anfang gesagt habe, dass das alles ein bisschen kompliziert ist? Und wenn wir noch andere fremde Religionen anschauen würden, würde es noch komplizierter. Die Frage, welche Rolle die Frauen in den Religionen haben und ob ihre Bedeutung überall gleich ist, lässt sich jedenfalls nicht so einfach beantworten.

Vor allem: Nicht jede Frau und nicht jedes Mädchen sieht ihre Rolle gleich. Die eine findet es gut, wie es ist, und beklagt sich nicht, die andere dagegen würde gern etwas verändern. Manche Leute, vor allem Jungen und Männer, können das nicht verstehen. Manche sagen dann: »Warum bist du mit deinem Platz nicht zufrieden? Das ist doch alles gut so, wie es ist.« Damit machen sie es sich aber zu einfach. Wichtig ist, dass man den Frauen und Mädchen zuhört, wenn sie davon erzählen – und dass man ernst nimmt, was sie sagen.

ZUM WEITERDENKEN UND WEITERFRAGEN:

- Frag deine Mutter oder Großmutter oder eine andere Verwandte oder Bekannte, wo sie ihren Platz in ihrer Religion sieht – und ob sie gern einen anderen hätte.
- Schau nach im Pfarrblatt oder auch im Internet: Wo sind Frauen oder auch Mädchen in den Gemeinden bei dir in der Nähe genannt und was tun sie?
- Wenn du Frauen aus anderen Religionen kennst – Mütter von deinen Mitschülerinnen, Nachbarinnen, Bekannte: Bitte sie, dass sie dir von den Erfahrungen in ihrer Religion erzählen.
- Informiere dich: Welche wichtigen Frauen gibt oder gab es früher in deiner Religion – und welche in anderen Religionen?

Dominik Blum

Wie ist das mit den Tieren in den Religionen?

Überall auf der Welt und schon sehr lange leben Menschen und Tiere zusammen. Eigentlich ist der Mensch ja selbst ein Tier. Im Biologieunterricht kannst du über den Menschen lernen, dass er ein Säugetier ist, das zu den Menschenaffen gehört. Der *Homo sapiens*, so nennen die Forscherinnen und Forscher dich und mich und alle anderen Menschen auf der Welt, ist mit den Gorillas, den Orang-Utans und den Schimpansen besonders eng verwandt. Aber er hat sich anders entwickelt als diese großen Affen. *Homo sapiens* ist lateinisch und bedeutet kluger, vernünftiger Mensch. Du bist also für die Biologinnen und Menschenforscher ein kluges, vernünftiges Säugetier, ein besonders schlauer Menschenaffe. Und deshalb mit allen Tieren eng verbunden.

Vor sehr langer Zeit hat der Mensch sich dadurch ernährt, dass er essbare Früchte und Samen gesammelt und Tiere gejagt hat, um ihr Fleisch zu essen. Tiere waren für den Menschen Beute und Nahrung. Die ersten Tiere, zu denen der Mensch ein anderes Verhältnis hatte, waren die Vorfahren unserer Hunde, die Wölfe. Sie haben sich den Menschen angeschlossen, weil beide – Mensch und Wolf – füreinander nützlich waren. Die halbwilden Wölfe, die sich dann zu Hunden entwickelt haben, wurden Gefährten der frühen Menschen, haben bei der Jagd geholfen und durch besondere Wachsamkeit die kleinen Gruppen der Menschen vor wilden Tieren gewarnt. Dafür haben die Menschen ihnen von ihrer Beute etwas abgegeben und sie gefüttert – und später auch gestreichelt und mit ihnen gespielt, vor allem mit den Welpen. Die Hunde sind die ältesten gezähmten Haustiere der Menschen und beide haben

sich gemeinsam entwickelt. Die Forscherinnen und Forscher nennen das Koevolution.

Erst viel später wurden die Menschen sesshaft, lebten in festen Hütten und Siedlungen und pflanzten auf Feldern Nahrung an. Das war vor mehr als 10.000 Jahren. Jetzt hielten sie sich auch Nutztiere: Ziegen, Schafe und Rinder, die ihnen Fleisch und Milch, Fell und Knochen für Kleidung und Werkzeuge lieferten.

Viele Religionen glauben, dass Gott Menschen und Tiere geschaffen hat

Warum ist es wichtig, an die Geschichte des Zusammenlebens von Menschen und Tieren zu erinnern? Weil die Menschen von Anfang an einen großen Respekt vor den Tieren hatten. Das kann man vor allem daran sehen, dass die erste Kunst, die Menschen gemacht haben, Tiere darstellt. Sehr, sehr alte Malereien auf den Felswänden verschiedener

Höhlen auf der Welt – die deshalb Höhlenmalereien genannt werden – zeigen Tiere. Forscherinnen und Forscher glauben, dass die ersten Menschen Tiere gemalt haben, weil sie Ehrfurcht vor ihnen hatten. Vielleicht haben sie die Tiere bewundert für das, was sie selbst als Menschen schlechter konnten: schnell laufen und hoch springen, besonders gut riechen oder sehr scharf sehen. Es könnte sogar sein, dass schon die ersten Menschen in den Tieren etwas von einer höheren Macht gesehen haben, die später Gott genannt wurde.

In allen großen Religionen der Welt glauben die Menschen, dass Gott Menschen und Tiere geschaffen hat. Beide sind Geschöpfe und haben etwas mit Gott und seiner Liebe und Beziehung zur Welt zu tun. Die Juden und die Christen erzählen in ihren beiden Schöpfungsgeschichten im Buch Genesis davon, wie eng die Verbindung von Mensch und Tier ist: Beide werden am selben Tag von Gott gemacht, nämlich am sechsten (Buch Genesis, Kapitel 1, Verse 24-31). Und beide formt Gott aus demselben Material, aus Lehm (Buch Genesis, Kapitel 2, Vers 7 und Vers 19). Der Mensch darf dann den Tieren Namen geben.

Auch der Koran, das heilige Buch der Muslime, spricht von den Tieren als Geschöpfen Gottes:

> *Und auch das Vieh hat Allah erschaffen. An ihm habt ihr Menschen Wärme und allerlei anderen Nutzen; und davon esst ihr. Und ihr habt an ihnen Schönes, wenn ihr sie abends eintreibt und wenn ihr sie morgens austreibt. Und sie tragen eure Lasten in ein Land, das ihr sonst nur mit größter Mühe hättet erreichen können. Euer Herr ist wahrlich gnädig und barmherzig. Und erschaffen hat Er die Pferde, die Maultiere und die Esel, damit ihr auf ihnen reitet, und auch als Schmuck.*
> *(Sure 16, Verse 5-8)*

Leider behandeln viele Menschen die Tiere aber nicht wie Gottes Geschöpfe, die etwas Schönes sind, wie Schmuck, den sie nutzen dürfen. Sondern sie nutzen die Tiere aus. Das Tierschutzgesetz, das in Deutschland regelt, wie Menschen die Tiere behandeln dürfen, hat die Meinung der Religionen übernommen. Im ersten Satz des Gesetzes heißt es:

> *Zweck dieses Gesetzes ist es, aus der Verantwortung des Menschen für das Tier als Mitgeschöpf dessen Leben und Wohlbefinden zu schützen. Niemand darf einem Tier ohne vernünftigen Grund Schmerzen, Leiden oder Schäden zufügen.*

Es gibt Religionen, in denen manche Tiere heilig sind

Wenn Menschen sagen, dass etwas oder jemand heilig ist, dann bedeutet das: Diese Sache oder dieses Lebewesen hat einen besonderen Kontakt zu Gott. So wird zum Beispiel in einem heiligen Raum – in einer besonders schönen Kirche oder Moschee – etwas von Gottes Größe und Schönheit erfahrbar. Und so gibt es Religionen, die manche Tiere heilig nennen. Ein besonders interessantes Beispiel will ich dir erzählen: In Ägypten, wo schon vor mehr als 4000 Jahren die Kobra, der Falke, das Krokodil und viele andere Tiere heilig waren, wurde der Gott der Morgensonne verehrt. Sein Name war Chepre. Dargestellt wurde er als Skarabäus, als Käfer. Oder als Mensch mit dem Kopf eines Skarabäus-Käfers. Das hatte verschiedene Gründe. Der Körper des Skarabäus leuchtet und schillert besonders schön in der Sonne. Außerdem dreht der Skarabäus aus Tierdung, also aus Mist, Kugeln, die er so durch die Gegend rollt, wie der Sonnengott Chepre die Sonne am Himmel bewegt. Und der Skarabäus kam in jedem Jahr vor dem Nil-Hochwasser in die Häuser der Menschen. Sonst wäre

er draußen ertrunken. So war der Käfer ein Glückszeichen dafür, dass endlich das fruchtbare Wasser kommt und die Felder am Flussufer überschwemmt, damit die Früchte wachsen können und die Menschen keinen Hunger haben. Weil die altägyptische Religion viele Tiere als heilig verehrte, ist es kein Zufall, dass in Ägypten schon vor 10.000 Jahren manche Tiere nach ihrem Tod bestattet wurden wie Menschen.

Viele religiöse Menschen in Indien und China gehören dem Buddhismus und dem Hinduismus an. Sie glauben, dass jedes Lebewesen wiedergeboren wird und viele Male auf der Erde leben und sich ordentlich und vorbildlich verhalten muss. Die Religionsforscherinnen und -forscher nennen diese Wiedergeburt Reinkarnation. Wiedergeboren werden kann man als Tier oder als Mensch, je nachdem, wie man gelebt hat. Jedes Tier, dem man begegnet, könnte man also im nächsten Leben selber sein. Deshalb begegnen Hindus und Buddhisten den Tieren mit viel Ehrfurcht und halten sie heilig. Im Christentum gibt es zwar keine heiligen Tiere, aber solche, die ein Hinweis auf Gott oder ein Zeichen für ihn sind. Die Forscherinnen und Forscher nennen das ein Symbol. Ein solches Tier ist zum Beispiel die Taube. Gottes Geist, seine Zuneigung zum Menschen, ist frei und leicht und kann überall hinkommen. So beweglich und lebendig ist auch eine schöne weiße Taube. Und wo Gott einem Menschen ganz nahekommen will, da erzählen die Bibel und die christliche Kunst oft davon, dass eine Taube erscheint. Zum Beispiel als Jesus getauft wurde. Da sah er, dass der Geist wie eine Taube auf ihn herabkam (Markusevangelium, Kapitel 1, Vers 10). Diese Taube findest du in ganz vielen christlichen Kirchen.

Es gibt religiöse Menschen, die kein Fleisch essen

Wir denken gemeinsam darüber nach, wie das mit den Tieren in den verschiedenen Religionen ist. Dabei spielt die Frage eine besonders wichtige Rolle, ob der Mensch Tiere töten darf, vor allem, um dann ihr Fleisch zu essen. Das ist wirklich ein schwieriges Thema.

Gott hat den Menschen und die Tiere geschaffen. Darin liegt ihre gemeinsame Würde und das verbindet sie. Judentum, Christentum und Islam glauben, dass der Mensch in einem ganz besonderen Verhältnis zu Gott steht. Frauen und Männer sind Gottes Stellvertreter auf der Welt und ihm von allen Geschöpfen am ähnlichsten. Sie sind sein Ebenbild. Die Christen glauben sogar daran, dass Gott selbst Mensch geworden ist in Jesus. Der Mensch steht also im Mittelpunkt der Schöpfung Gottes. Das bedeutet, dass er die Tiere nutzen kann. Nutzen darf er sie als Haustiere und Arbeitstiere, aber auch zum Essen. Denn Fleisch ist, wenn man nicht zu viel davon isst, ein wichtiges und gesundes Lebensmittel. Es enthält zum Beispiel Eiweiß und Eisen. Beides brauchen Kinder, um gesund zu bleiben und zu wachsen. Viele Kinder auf der Welt sind sehr schlecht ernährt und müssten eigentlich mehr Fleisch essen. Und so gibt es keine Religion auf der Welt, die den Menschen ganz allgemein verbietet, Tiere zu töten und zu essen. Manche Religionen haben allerdings Vorschriften, welches Fleisch man essen darf und welches nicht oder wie das Tier getötet werden muss, damit man das Fleisch essen kann. Juden und Muslime nennen Fleisch, das man essen darf, *koscher* oder *hallal*. Es darf kein Schweinefleisch sein. Und die Tiere, Schafe und Ziegen, Rinder und Hühner, müssen so getötet werden, dass ihr gesamtes Blut ausfließen kann.

Denn Blut dürfen Juden und Muslime nicht essen. Diese Art, Tiere zu schlachten, nennt man Schächten. Über das Schächten, das in Deutschland für Juden und Muslime erlaubt ist, wird sehr viel diskutiert. Dabei geht es um den Tierschutz und das Tierwohl, also darum, ob die Tiere dabei zu sehr leiden. Manche Leute fragen auch, ob Tiere Rechte haben wie der Mensch.

In allen Religionen gibt es Menschen, die freiwillig darauf verzichten, Tiere zu töten und zu essen. Sie leben vegetarisch und begründen dieses Verhalten mit ihrer religiösen Haltung. In den Religionen, die aus Indien stammen, im Hinduismus und Buddhismus, wird diese Haltung *ahiṃsā* genannt. *Ahimsa* ist die Lehre vom Nicht-Töten und Nicht-Verletzen. Aus Mitgefühl darf kein Lebewesen getötet oder verletzt werden, egal aus welchem Grund. Diese totale Gewaltlosigkeit muss man im Leben und auch im Bereich der Religion einhalten. Kein Tier darf geopfert, kein Tier darf gegessen werden. Menschen aus anderen Religionen, aber auch Leute, die nicht religiös sind, begründen ihren Verzicht auf Fleisch ebenfalls damit, dass die Tiere Mitgeschöpfe sind.

Wichtig ist allen Religionen die Ehrfurcht vor dem Leben

Mit dem Stichwort Mitgefühl sind wir bei einem letzten wichtigen Punkt angekommen. Was alle Religionen verbindet, ist die Ehrfurcht vor dem Leben. Ein berühmter Arzt und Theologe hat als Erster so von der Ehrfurcht vor dem Leben gesprochen, Albert Schweitzer. Er lebte von 1875 bis 1965. Man hat ihn auch den ›Urwaldarzt‹ genannt, weil er in der Stadt Lambaréné in dem afrikanischen Land Gabun mitten im Urwald ein Krankenhaus für arme Leute gebaut hat. Albert Schweitzer war überzeugt davon, dass der Mensch nur richtig handelt, wenn er darauf achtet, »allem Leben, dem er beistehen kann, zu helfen, und sich scheut, irgendetwas Lebendigem Schaden zu tun«. Für sich selbst hat Albert Schweitzer die Idee von der Ehrfurcht vor dem Leben so beschrieben: »Ich bin Leben, das leben will, inmitten von Leben, das leben will.« Wenn du über diesen

Satz nachdenkst, dann wirst du viele Gedanken wiederfinden, über die wir schon gemeinsam nachgedacht haben. Ein konkretes Beispiel dazu noch zum Schluss: Wer gut leben will, braucht manchmal eine Pause. Die Juden und die Christen kennen einen Pausentag, den Gott selbst erfunden hat: Bei den Juden ist es der Samstag, der Sabbat. Die Christen machen am Sonntag Pause. An diesem Tag soll man etwas Schönes machen, Freunde und Familie treffen, vielleicht sogar beten. Auf jeden Fall ist es ein Tag, an dem man nicht arbeiten, sondern sich ausruhen soll – aus Ehrfurcht vor dem Leben. Das gilt dann aber für alle Menschen – und auch für die Tiere:

Sechs Tage kannst du deine Arbeit verrichten, am siebten Tag aber sollst du ruhen, damit dein Rind und dein Esel ausruhen und der Sohn deiner Sklavin und der Fremde zu Atem kommen.
(Buch Exodus, Kapitel 23, Vers 12)

ZUM WEITERDENKEN UND WEITERFRAGEN:

- Achte in der Natur, im Garten, im Park oder im Wald doch einmal besonders auf die großen und kleinen Tiere, die du siehst. Wenn du in deinem Kopf und deinem Herzen weißt, dass Gott die Tiere so liebt wie dich – was fühlst du dann?
- Wenn du ein Tier lieb hast und dich mit ihm verbunden fühlst, dann kannst du es segnen und ihm sagen: »Es ist gut, dass es dich gibt. Gott hat dich lieb – und ich dich auch. Wir gehören zusammen.«
- Der Denker Richard David Precht hat einen sehr klugen Satz gesagt: »Es gibt zwei Kategorien von Tieren. Die eine glaubt, dass es zwei Kategorien von Tieren gibt. Und die andere hat darunter zu leiden.« Was er wohl damit meint? Sprich doch mit den Erwachsenen einmal darüber und frag, ob sie den Satz verstehen.

Die Autorinnen und Autoren

Stefan Altmeyer arbeitet an der Universität Mainz als Professor für Religionspädagogik und dort am meisten mit jungen Erwachsenen, die später Schülerinnen und Schüler in die spannende Welt der Religion einführen möchten. Er hat drei Kinder, die ihm dabei mit ihren kritischen Fragen oft helfen. Letztes Jahr hat er Forscherinnen und Forscher in Australien besucht. Dort sind ihm die meisten Ideen für den Text in diesem Buch gekommen.

Chiara Barale wächst zweisprachig auf und macht gerne Sport, von Ballett bis Fußball. Sie geht in die 7. Klasse und spielt gerne mit ihren Katzen und Freundinnen.

Albert Biesinger arbeitete viele Jahre an der Universität Tübingen und beschäftigte sich dort als Professor für Religionspädagogik damit, wie Eltern und Kinder in der Familie Gott entdecken können. Deshalb hat er mit anderen gemeinsam auch einen eigenen Weg zur Vorbereitung auf die Erstkommunion entworfen: »Gott mit neuen Augen sehen«, wo Eltern und Kinder gemeinsam vieles über Gott lernen und erfahren. Ihm ist es wichtig, auch »über den Tellerrand hinauszuschauen«. So ist er oft bei armen Kindern in Elendsvierteln in Lateinamerika und hilft hier bei uns als Notfallseelsorger, zum Beispiel bei schweren Unfällen auf der Autobahn. Albert Biesinger ist verheiratet, hat vier Kinder und neun Enkelkinder.

Dominik Blum arbeitet als Dozent in der Katholischen Akademie Stapelfeld. Dort kommen Kinder, Erwachsene und Jugendliche zusammen, um miteinander zu lernen und zu arbeiten, zu spielen und zu beten. In der Akademie sprechen die Leute auch über viele Fragen, die mit Religion und Glauben zu tun haben. Zum Beispiel darüber, wie man sich Gott vorstellen darf, wo der Himmel ist und wie ein Familienalltag mit Gott gelingen kann. Dominik Blum lebt mit seiner Frau, vier Kindern und einem Hund in einem kleinen Dorf im Oldenburger Münsterland. Am Frühstückstisch beim Gespräch mit seiner Familie und im Wald beim Spaziergang mit dem Hund kommen ihm die besten Ideen, wenn er über Gott und die Welt etwas aufschreiben will.

Ralf Gaus interessiert sich vor allem dafür, wie es gerecht zwischen den Menschen zugehen, Frieden herrschen und die Umwelt geschützt werden kann. Außerdem bildet er als Professor für Religionspädagogik Religionslehrerinnen und Religionslehrer aus sowie Gemeindereferentinnen und Gemeindereferenten.

Veronika Gaus hört gerne Musik, macht gerne Sport und trifft sich gerne mit Freundinnen. Ansonsten geht sie in die 9. Klasse und engagiert sich für Kinder und Jugendliche im Jugendgemeinderat ihrer Stadt.

Matthias Gronover ist gerne draußen unterwegs. Er beobachtet gerne Vögel, am liebsten zusammen mit seiner Familie. Er stellt Religionslehrerinnen und Religionslehrern Fragen, damit er gute Tipps für den Religionsunterricht in der Berufsschule geben kann.

David Gronover ist Schüler und interessiert sich für religiöse Fragen und Autos. Am liebsten ist er in der Natur und unternimmt Ausflüge in den nahen Wald.

Simone Hiller ist Lehrerin an einer beruflichen Schule (das ist eine Schule für ältere Jugendliche, die sich schon auf einen Beruf vorbereiten). Sie unterrichtet die Fächer Religion, Deutsch und Politik. Außerdem untersucht sie an der Universität Tübingen mit anderen, wie ein guter Religionsunterricht an beruflichen Schulen sein sollte. Sie macht sich auch Gedanken über einen Religionsunterricht für muslimische Kinder in Deutschland. Denn sie interessiert sich besonders dafür, wie Menschen mit verschiedenen Religionen miteinander umgehen.

Joseph A. Kanofsky ist Rabbiner in einer jüdischen Gemeinde in Toronto, Kanada. Davor hat er schon an vielen Orten gelebt und als Rabbiner gearbeitet, zum Beispiel in Amerika und in Polen. In Boston (USA) war er Lehrer an einer Universität bei dem berühmten Professor Elie Wiesel. Rabbi Joseph ist verheiratet und hat sechs Kinder.

Er hat seinen Text auf Englisch geschrieben. **Yvonne Kimmig** hat ihn ins Deutsche übersetzt. Danke dafür!

Helga Kohler-Spiegel ist in Dornbirn geboren, in einer kleinen Stadt im Westen Österreichs, nah an der Grenze zu Deutschland und zur Schweiz. Nach der Schulzeit hat sie Theologie und Pädagogik studiert und an verschiedenen Schulen und Universitäten unterrichtet. Jetzt ist sie Professorin für Bildungswissenschaften an der Pädagogischen Hochschule in Vorarlberg und bildet Lehrerinnen und Lehrer aus. Außerdem arbeitet sie als Psychotherapeutin: Da kümmert sie sich um Erwachsene, um Kinder und Jugendliche, die Probleme mit sich und ihrem Leben haben, die vieles nicht verstehen können und denen sie zu helfen versucht, in ihr Leben zurückzufinden.

Andrea Liebers schreibt Kinderbücher und arbeitet als Trainerin für kreatives Schreiben für Kinder und Erwachsene. In ihren Büchern liebt sie es, Spaß, Spannung und Spirituelles zusammenzubringen. Auf ihrer Website www.buddhakids.de können sich Kinder (und Erwachsene) einen Überblick darüber verschaffen, wer der Buddha war und um was es im Buddhismus eigentlich geht. 2020 hat sie einen Verlag für buddhistische Kinderbücher gegründet, unter www.kimonade.com erfährst du mehr darüber. Zum Buddhismus fand Andrea Liebers, als sie ungefähr 20 Jahre alt war und sich über den Sinn des Lebens Gedanken machte. Das Bildnis des meditierenden Buddha zog sie unwiderstehlich an. So gelöst und in sich ruhend wollte und will sie auch gern sein.

Hans Mendl wohnt in der Nähe von Passau und arbeitet dort als Professor für Religionspädagogik und Didaktik des Religionsunterrichts an der Universität. Seine Studierenden wollen Lehrerinnen und Lehrer werden und neben anderen Fächern auch das Fach Religion unterrichten. Er möchte, dass seine Studierenden später einmal einen spannenden und herausfordernden Religionsunterricht halten. Das geht aber nur, wenn sie wissen, wie Kinder und Jugendliche fühlen und denken. Er selber hat viel durch seine Kinder Hannah, Miriam und Jonathan gelernt, die er beim Aufwachsen begleitet und beobachtet hat.

Rainer Oberthür ist Religionslehrer und »Lehrer für Religionslehrerinnen und Religionslehrer«. Seit über 30 Jahren arbeitet er beim Katechetischen Institut des Bistums Aachen und führt Tagungen durch mit neuen Ideen für den Religionsunterricht. Er hat als Autor mehr als 25 Bücher zu den großen Fragen des Lebens und Glaubens für Kinder und Erwachsene geschrieben, das bekannteste ist »Die Bibel für Kinder und alle im Haus«. Immer wieder ist er begeistert von den klugen Fragen und Antworten, die Kindern einfallen. Wenn du bei YouTube »Rainer Oberthür liest« eingibst, liest er dir aus seinen Bücher etwas vor. Weitere Infos findest du auch unter www.rainer-oberthuer.de

Sabine Pemsel-Maier lebt in Freiburg und arbeitet als Professorin an der Pädagogischen Hochschule Karlsruhe. Dort unterrichtet sie junge Menschen, die später Religionslehrerinnen und -lehrer werden wollen. Die Studentinnen und Studenten lernen bei ihr, was es zu wichtigen Themen des christlichen Glaubens zu sagen gibt: Gott – Jesus Christus – die Schöpfung – die Kirche – was nach dem Tod kommt und vieles mehr. Sie zeigt ihnen auch, wie man guten Unterricht macht. Früher war sie selbst einmal Lehrerin an einem Gymnasium. Besonders interessiert sie sich für die Frage, welche Theologie Kinder von heute brauchen. Wichtige Anregungen geben ihr dazu ihre Patentöchter.

Friedrich Schweitzer arbeitet an der Universität Tübingen. Er bildet Studentinnen und Studenten aus, die später Pfarrer oder Religionslehrer werden wollen. Er hat drei Kinder, die jetzt schon ziemlich groß sind, von denen er aber viel gelernt hat. Immer wieder hat er sich mit religiösen Fragen und Interessen von Kindern beschäftigt. Deshalb hat er auch ein Buch über »Das Recht des Kindes auf Religion« geschrieben. Er findet es sehr wichtig, dass die Kinder jemand haben, mit dem sie ihre »großen Fragen« besprechen können.

Magnus Striet arbeitet als Professor für Fundamentaltheologie an der Universität Freiburg. Im Fach Fundamentaltheologie werden sehr grundsätzliche Fragen gestellt, wovon eine lautet: Kann man noch an einen Gott glauben in einer Welt, die doch von ihrem naturwissenschaftlichen Wissen und Technik lebt? Ihm ist es wichtig, über Religion und Glaube nachzudenken, ohne dabei zu verdrängen, dass die Welt heute ganz anders funktioniert und Menschen sich auch anders verstehen als noch vor einigen Hundert Jahren.

Fahimah Ulfat arbeitet an der Universität Tübingen. Dort ist sie Professorin für Islamische Religionspädagogik und beschäftigt sich damit, was muslimische Kinder und Jugendliche über Gott und die Welt denken. Deshalb führt sie oft Interviews mit Kindern und Jugendlichen durch. Ihr ist es wichtig, zu verstehen, wie Kinder und Jugendliche denken, um das Lernen für sie spannend zu gestalten. Besonders wichtig ist ihr, zu erkunden, wie das gemeinsame Lernen von Kindern unterschiedlicher Religionen und Auffassungen funktionieren kann. Sie bildet auch Studentinnen und Studenten aus, die später Religionslehrerinnen und Religionslehrer werden. Fahimah Ulfat hat zwei Söhne, die mittlerweile viel größer sind als sie selbst.